직장 갈등 돌파 10

직장 갈등 돌파 10

지은이 · 폴 톰린슨

옮긴이 · 김재서

초판 1쇄 찍은날 · 2001년 5월 22일

초판 1쇄 펴낸날 · 2001년 5월 30일

펴낸이 · 김승태

편집 · **écrits**

표지디자인 · mud3033

등록번호 · 제2-1349호(1992. 3. 31)

주소 · 110-616 서울 광화문우체국 사서함 1661

출판사업부 T. (02) 766-8931   F. (02) 766-8934

출판유통사업부 T. (02) 830-8566   F. (02) 830-8567

E-mail : jeyoungedit@chollian.net

ISBN 89-8350-645-8   03320

값 8,000원

직장 갈등 돌파 10

직장 갈등을 글복할 것인가, 사표를 쓸 것인가?

폴 톰린슨 지음
김재서 옮김

예영커뮤니케이션

How a Man Handles Conflict at Work

차 례

감사의 글

직장 생활에 성경적 원리를 적용하는 문제를 생각할 때마다 내가 살아오는 동안 여러 경로를 통해 만난 다양한 사람들을 떠올리게 된다. 그들은 직업 현장에서 성경적 관점을 통합하는 데 좋은 모범을 보인 이들로서 이 문제에 아주 훌륭한 모델이 될 만한 사람들이다. 그들은 하나님을 사랑하며 동시에 자신들의 직업도 소중하게 생각했던 사람들이다. 그리고 그들은 하나님과 일을 아주 자연스럽게 하나로 조화시켰다. 내가 이 책을 쓰는 것도 그들을 통해서 발견한 생생하고 현장감 있는 진리를 다른 사람들과 함께 나누고 싶었기 때문이다. 먼저 이 '영광스러운 이름들'을 소개하고자 한다.

톰 글로버(Tom Glover) 판사. 최근에 그는 변호사로서 새로운 삶을 시작했다. 그는 나에게 기독교 신앙이 무엇인지 가르쳐 준 사람이다. 나는 그에게 제자 훈련을 받았고, 지금도 바쁜 일상 속에서 일부러 시간을 내어서 나의 멘토(mentor)가 되어 주고 있다.

찰스 척 도너(Charles Chuck Dohner) 역시 기도의 동역자인 동시에 멘토의 역할을 해주고 있다. 그는 스스럼없이 자신의 생각을 나누어 주었는데, 이는 나에게 엄청난 축복이었으며 삶에 큰 변화를 가져다 주었다.

제크 이즐리(Zeke Easley)는 현재 은퇴했지만, 시애틀에 있는 IBM의 최고 경영자로서 그동안 매주 금요일마다 사업가들을 대상으로한 성경공부를 인도해 왔다. 아직도 신앙의 초보를 면치 못하고 있는 나 역시 이 성경공부에 참석하면서, 거기서 만난 많은 직장인들과 사업가들이 나와 똑같은 고민을 하고 있는 것을 발견하였다. 그리고 그들이 성경과 하나님을 통해, 서로 격려하고 함께 고민하면서 이 문제를 해결하는 모습을 보았다.

척 스나이더(Chuck Snyder)는 광고 제작자이자 작가이며, '세상에서 가장 훌륭한 손자들'을 둔 할아버지이기도 하다. 그는 주중에자신의 일에 전념해 고객들에게 최대한의 서비스를 제공하면서도 하나님과 동행하는 모습을 내게 보여 주었다.

빌 리빙스(Bill Levings)는 신실한 믿음과 총체적 능력을 가지고 있는 사람으로 조그만 컨설팅 회사를 성장시키면서 부딪히는 냉엄한현실을 은혜와 위엄으로 풀어 나가고 있다. 나는 그와 함께 8년을 일했다. 어떤 상황 속에서도 그는 사람과 도덕성을 최우선 순위에 두고신속한 결정을 내렸다.

장인인 랄프 데이비슨(Ralph Davidson)은 내게 바른 결정을 내리는 법과 일을 통해서 인생을 즐기는 법을 가르쳐 주었다. 우리 집을개조하는 공사를 진행하는 동안 그와 함께 일하면서 가치 있는 결정을 내리기 위해서는 신중해야 하고 그만큼 시간이 필요하지만(그래서 때로는 실망스럽고 낙담하게 되지만), 탁월한 결정을 내린 뒤의 결과는 기다린 보람이 있을 만큼 가치 있다는 사실을 배웠다. 열정과 지혜로 가득한 랄프는 성령 충만한 삶을 살아왔고 지금도 그렇게 살아가고 있다.

아버지인 베이브 톰린슨(Babe Tomlinson)은 인생을 살아가는 두 가지 방법을 가르쳐 주었다. 그것은 일생 동안 높은 도덕성을 가지고 살아야 한다는 점과 낙관적인 삶의 방식이다. 아버지는 부자는 아니었지만 얼굴에는 항상 미소가 떠나지 않았고, 직장에서 최선을 다하며 열심히 일하는 분이었다.

위에 소개한 여러 분들에게서 많은 것들을 배웠지만, 그렇다고 해서 아내인 진(Jeanne)과 세 아이들과 어머니에 대한 감사를 빼놓을 수 없다. 특히 어머니는 내게 아낌없는 사랑과 헌신에 대해 많은 것을 가르쳐 주었다. 인생을 살아오면서 부딪히는 수많은 도전들 앞에서 우리 형제들은 어머니의 도움으로 든든히 설 수 있었다. 어머니는 힘겨운 결정을 내려야 할 때마다 "하나님을 신뢰하고 있니?"라며 근본적인 질문을 항상 일깨워 주셨다.

서론

일은 하나님의 선물이다

루크(Luke)는 머리를 떨군 채 내 앞에 앉아 있었다. 그는 자기 직업에 실망감을 나타냈다. 나는 직업상 이런 사람들을 많이 만날 수밖에 없다.

생산시설의 관리자인 루크는 대인 관계가 썩 좋은 편은 아니다. 그는 '비효율적이고 허풍이 센' 상사와의 관계가 매우 껄끄러웠다. 이런 상황을 진정시키기 위해 위험할 정도로 많은 안정제를 복용하고 있었다. 또한 자기 직업을 매우 싫어했으며, 지난 몇 해 동안 여러 번 사표를 내려고 생각했다. 게다가 맡고 있는 일이 비교적 쉽다고 생각하고 있었으며 일에 몰두해 최선을 다하지 못했기 때문에, 꼬박꼬박 월급을 받는다는 사실에 대해서도 죄책감을 느꼈다. 하지만 현재 45세인 그는 해고된 지 이미 4주가 지났고, 이로 인해 큰 고민에 빠져 있었다.

지난 5년 동안 루크는 직장에서 주변의 사람들과 여러 가지 일로 충돌하면서 마음속에 분노와 좌절이 점점 커져 갔다. 직장 생활의 갈등은 가정 생활에도 영향을 미쳤으며, 하나님께도 분노하고 있었다. 그러나 그나마 그 직업마저 잃게 될 처지에 놓인 지금, 가정의 버팀목이 되어야 할 입장에서 또 다른 분노와 공포와 감정적 고갈을 느끼고 있었다.

이런 복잡한 상황 가운데 루크가 마음을 진정시키고, 그 안에서 희망을 찾아내기까지는 어느 정도 시간이 필요했다. 이를 위해서 우리는 특별한 갈등 해소 기술을 그에게 훈련시켰다. 이 훈련을 통해서 그는 삶과 일에 대한 현명한 시각과 자신의 태도를 좀더 객관적으로 바라볼 수 있게 되었다. 그동안 루크는 이와 같은 사실을 의식하지 못한 채 상사와 동료들에게 그처럼 행동했던 것이다. 마침내 루크는 정상을 되찾았으며 자신에게 솔직해졌고, 삶과 일에 대한 태도가 크게 변했다.

기업 컨설턴트로 일하다 보면 루크 같은 사람을 많이 만나게 된다. 무기력증, 혼돈, 두려움, 분노, 죄책감. 사실 직장인들이 자신의 직업과 관련해 갈등에 직면할 때 느끼는 감정을 살펴보면 대개 다섯 가지다. 직장인에게 갈등은 어느 정도 불가피한 측면이 있다. 그리고 사람은 많은 이해 관계에 부딪히면서 성장하고 변화한다. 급작스러운 환경 변화에 충격을 받기도 한다. 또 다른 사람과 함께 어울려 일해야 하는 환경에서 갈등은 항상 있게 마련이다. 심지어 아무도 없는 방이나 무인도에서 성능 좋은 컴퓨터 한 대를 가지고 혼자 일을 할 경우라도 여전히 갈등 요인은 존재한다. 내가 이 책을 쓰는 이유는 이제까지 직업과 관련해서 아무런 갈등도 느끼지 못하는 사람을 만나본 적이 없기 때문에 일과 관련해 일어나는 긴장을 좀더 직접적이면서도 건전한 방법으로 해소할 수 있는 방법을 제시하기 위해서이다.

한 기관의 관리자와 상담을 전문으로 하는 컨설턴트로 일하면서 겪은 경험들이 여러분이 직면하고 있는 스트레스와 정면으로 대결하는 데 작은 도움이 될 수 있기를 바란다. 직장에서나 개인적으로 위기를 겪고 있는 사람들을 줄잡아 오천 명 이상 만났던 경험을 통해서 체득한 통찰력은 여러분에게 어떤 실마리를 제공해 줄 것이다. 이 책을 통해서 나는 이와 같은 사역을 하면서 겪은 성공담뿐만 아니라 실패담까지도 솔직하게 나눌 것이다.

언젠가 촉망받는 젊은 상담 전문가와 함께 대화를 나눈 적이 있었다. 그는 내가 이 사역을 성공적으로 수행한 비결이 무엇인지 물었다.

"두 단어로 대답할 수 있지요. 그 비결은 '좋은 결정'입니다."

그는 혼란스러운 표정으로 되물었다.

"그렇다면 좋은 결정을 내리는 법은 어떻게 배우셨지요?"

"경험이지요."

"그렇다면 그 경험은 어떻게 터득하셨습니까?"

"그것도 두 단어죠. '옳지 못한 결정'으로부터 배웠습니다."

이 젊은이와 나누었던 이야기는 오래되었지만 자주 되풀이하게 된다. 왜냐하면 시사하는 바가 매우 크기 때문이다. 우리 모두는 많은 시행착오를 통해서 훌륭한 경험을 얻는다. 그것을 통해 기꺼이 배우려는 자세를 가지고 있고 좀더 긍정적인 방향으로 삶을 살아가며 식장 일을 하려고 한다면 말이다.

여러분 중에는 담당 업무, 급여, 진급, 여행 기회 등으로 인해서 직장 생활을 즐기고 있는 행운아들도 있다. 그러나 직장 생활을 힘들어하는 사람들도 있다. 그것은 직장 상사 때문일 수도 있고, 동료 때문일 수도 있다. 또 신앙적인 부분을 솔직히 표현하고 싶어도 누군가의 부정적인 반응이 두려워 마음속으로 삼켜야 하기 때문일 수도 있다.

▲▲▲

도움이 필요해요!

나도 루크와 같은 고민을 했던 적이 있다. 40세에 실직당해 생의 기로에 섰던 적도 있었다. 고위직에 있다가 강등된 적도 있었다. 처절하게 고민하고 기도한 끝에 사직을 선택했다. 상당히 오랫동안 대기업에서 일하기도 했지만 하고 싶은 일을 쉽게 찾을 수 없었다. 그러나 확실한 것은 현재 내가 대기업으로 복귀하는 걸 원하지 않는다는 점이다.

컨설팅 사업을 시작하는 것도 하나의 대안이었지만, 사실 나는 무엇을 어떻게 해야 할지 몰랐다. 그리고 스스로의 의사에 따라 사직했으면서도, 뭔지 모를 불안감과 무력감에 사로잡히기도 했다. 또 충분한 여유 자금도 없었다. 그래서 뭔가 빨리 결정해야 한다는 강박관념도 적지 않았다. 도움이 될 만한 친구들의 조언을 구하기도 하고, 만족스럽고 생산적인 일을 하면서 나머지 삶을 살아가게 해달라고 간절히 기도하기도 했다.

기도가 계속되고 반복되면서, 뭔가 영감 같은 것이 떠올랐다. 그것은 대기업에서 근무하면서 얻은 경험을 바탕으로 나와 똑같은 혼란을 겪고 있는 사람들을 도울 수 있겠다는 생각이었다. 새롭게 찾은 방향성을 좇아가다 보니 컨설팅 사업이었고, 어느덧 16년이라는 세월이 흘렀다.

현재는 직장에서 심한 갈등을 겪는 이들을 하루에도 몇 사람씩 만나고 있다. 나의 목표는 그들로 하여금 문제의 본질이 무엇인가를 알게 해주는 것이다. 이것은 결코 말처럼 쉬운 일이 아니다. 문제의 원인을 찾아서 적절한 해결책을 찾아주는 일이 어디 쉽겠는가. 긴장, 좌절, 비탄, 불행 따위의 감정에 젖어서 살기에는 우리의 인생이 너무도 짧다. 오랫동안의 경험을 통해서 사람들의 직장 생활을 고달프게 만드는 스트레스를 몇 가지로 요약해 보았다. 혹시 이 중에서 여러분이 씨름하고 있는 것은 없는가?

- 여러분을 불쌍한 존재로 만들어 버리는 불공평한 상사.
- 여러분이 결혼했음에도 불구하고 은근히 유혹하는 직장 동료.
- 항상 불만이 가득 차 있어 비판적인 데다 여러분도 동조하기를 원하는 직장 동료.
- 자기 발전의 여지가 별로 없는 지루한 직장 일에 관심이 부족할 때.
- 마감 시간에 맞추기 위해서라든지 감원 분위기 속에서, 믿음과 삶이 일치된 총체적인 삶을 살지 못하거나 실수를 저지르고 거짓말해야 할 때.
- 다른 동료에게 피해를 준다는 이유로 고의로 일을 천천히 하거나 적당히 하라는 강요를 받을 때. 혹은 다른 사람의 실수를 덮어 수기 위해서 일이 살못된 것을 보고도 모르는 칙해야 할 때.
- 오랫동안 꿈꾸면서 올라온 현재의 안전한 일자리를 빼앗길지 모른다는 두려움.
- 동료 또는 고객과의 관계에서 생기는 지속적인 긴장감.

갈등은 또 다른 갈등을 낳고….

직장에서 일어나는 갈등을 제때 해소하지 못하면, 삶의 다른 영역에까지 의외로 큰 파급 효과가 일어날 수 있다. 과거에 유달리 둔감한 상사와의 갈등 때문에 나도 상당히 오랫동안 어려움을 겪었던 적이 있다. 나중에 돌이켜 생각해 보니 이런 곤란이 개인에게서 끝나는 것이 아니라 아내와 아이들에게도 좋지 않은 영향을 많이 주었던 것 같다. 가족들에 의하면 나는 집에 돌아와서도 전혀 활기찬 모습이 아니었고, 골똘히 무슨 생각에 빠져 있었던 때가 많았으며, 어딘가 우울해 보였다고 한다.

마음속에 좌절감이 자리잡게 되면, 직장 일의 효율성과 대인 관계의 친밀성에도 큰 영향을 미친다. 또 정신적인 건강뿐 아니라 육체적인 건강에도 이상 징후가 나타난다. 좌절감이 커지고 날카롭게 되면, 어느새 늘 하던 운동도 중단하고 사람들을 만나는 일조차 꺼리게 되며 교회와도 멀어질 수 있다. 한때 그 상태를 경험한 사람으로서 나는, 지금 동일한 상황을 겪으며 고생하고 있는 이들에게 새로운 영감과 희망을 줄 수 있길 바란다.

이 책에서 나는 현실적으로 반복해서 발생하는 주제들을 하나씩 다루어 나갈 것이다. 이 주제들은 여러분이 직장에서 겪고 있는 문제들을 해결할 수 있는 귀중한 실마리를 제공할 것이다. 이런 점에 유의하면서 이 책을 읽어 가기 바란다.

- 문제의 본질을 파악하라(내가 문제인가? 다른 사람이 문제인가?)

16

- 문제를 정면으로 돌파하라(문제를 피하기만 하면, 더 악화될 수 있다).
- 하나님을 신뢰하라.
- 책임감을 가져라(다른 사람에게 정직하게 마음을 열고, 함께 기도할 수 있도록 하라).
- 기대감을 가져라(하나님께서 언제나 여러분을 도우시며 인도하실 것을 기대하라).

갈등의 두 가지 이유

구체적인 이야기를 시작하기 전에 먼저 한 가지 밝혀 둘 것이 있다. 우리는 모든 갈등의 원인이 다른 사람이나 외부 요인 때문이라고 생각하는 경향이 있다. 그러나 문제의 원인이 내적 갈등인 경우도 의외로 많다. 루크의 예를 생각해 보자.

- 외적인 요인
  루크는 동료들이나 상사와의 대인 관계에 문제가 많은 사람이었다. 솔직히 말해서 정말 그들에게 문제가 있는지, 아니면 별 것도 아닌 문제가 루크의 내면적인 요인에 의해서 크게 확대되는 것인지 판단하기가 어려웠다. 아마도 두 가지 다 문제였을 것이다. 루크에게도 상당히 좋지 않은 습관이 있었고, 상사의 말과 행동도 뭔가 바뀌어야 할 여지가 있었다. 어쨌든 사람들이 겪는 갈등의 일차적인 요인은 대개 외부적인 것이다.

• 내적인 요인

루크는 직장을 그만두어야 할지, 계속 다녀야 할지 결정하지 못하고 망설이고 있었다. 지겨움을 감수하고 안정적인 직장에서 계속 일해야 할지, 모험을 하더라도 흥미진진한 길을 택할지 갈팡질팡하고 있었다. 이것도 갈등의 큰 원인 가운데 하나이다. 그의 태도는 점점 침체의 늪에 빠져 들었다. 루크는 예수 그리스도를 따르겠다고 헌신했으며, 그리스도인다운 삶을 살았던 뜨거운 시절이 있었다. 그러나 점차 '선데이 크리스천'(Sunday only Christian)으로 변하고 말았다. 게다가 직장의 어느 기혼 여직원과 연애 사건을 일으킨 뒤로는 더 심각한 혼란에 빠졌고, 지금은 하나님이 더 이상 자신과 상관없다고 느끼게 되었다.

나와 상담했던 대부분의 직장인들이 지나친 확신, 죄책감, 두려움 등으로 내적 갈등을 겪고 있었다. 이런 사람들이 스스로를 치유하기 위해서 가장 먼저 해야 할 일은 자신에게 솔직해지는 것이다. 그래야만 문제의 정확한 원인이 무엇인지 찾아낼 수 있다. 그리고 자신의 내면을 정확하게 들여다볼 수 있을 것이다.

갈등 치유하기

나의 경우에는 직장에서 생기는 갈등에 대해 즉각적인 반응을 보인 때도 있었고, 현실을 인정하지 않으려는 태도를 취한 적도 있었다. 문제를 애써 외면하면서 시간이 해결해 줄 것이라고 생각할 수도 있다. 그러나 대개 이런 소극적인 태도는 결코 문제 해결에 도움이 안 된다. 문제가 저절로 사라지는 경우는 거의 없다. 그렇다고 다른 사람이 그 문제를 대신해서 해결해 줄 수도 없다. 루크가 스트레스를 받은 이유는 모든 책임이 다른 사람에게 있으며, 당연히 이 문제의 해결도 그들의 몫이며 자신은 단지 피해자일 뿐이라고 생각한 데 있다. 자신이 다른 사람과의 의사소통에 문제가 있었음을 느끼고 이를 개선하려는 노력을 시작하면서, 그는 다른 사람들을 대하기가 한결 쉬워졌다는 사실에 스스로 놀라기 시작했다. 그리고 일과 시간에 까다로운 상사와는 여전히 사무실에서 친하게 지낼 수 없었지만, 일을 떠난 자리에서는 참으로 친밀한 우정을 쌓을 수 있게 되었다.

사람이 주변 여건이나 다른 사람들에게 끌려 다니면서 살아갈 수는 없다. 비록 자신의 잘못은 아니라 하더라도 좋지 않은 상황을 스스로 개선해 보겠다는 의지가 필요하다. 특별히 한 사람의 그리스도인으로서 나는 하나님께서는 그분을 찾는 사람들을 영화롭게 하시고, 어떤 상황에서도 그분의 도움을 바라는 사람들을 도우시며, 그분이 요구하시는 변화에 자신을 맡기는 사람들과 함께 하신다는 사실을 분명히 말해 주고 싶다. 우리 대부분은 자신도 모르는 틀에 박힌 사고에 젖어 있다. 그런 사고 방식을 바꾸는 것을 두려워하기 때문에 갈등을 방치하곤 한다. 하지만 그 사고에서 벗어나기 위해서라도 갈등을 해결해야 하며, 다음 단계로 성장해 가야 한다. 따라서 무엇보다 발상과 행동의 전환이 필요하다. 성숙한 책임감을 가지고 필요한 일을 다해야 한다는 뜻이다.

물론 특정한 경우가 모든 사람에게 들어맞을 수는 없다. 그것은 불가능하다. 하나님께서는 우리를 유일한 존재로 창조하셨기에 모든 사람은 각기 다른 방법으로 갈등과 변화와 의사소통의 문제를 처리

한다. 개인적으로 내가 좋아하는 친구 스파이크(Spike)는 어떤 상황이든지 정면으로 부닥쳐 문제를 해결하는 사람이다. 그러나 세월이 지나면서 그도 좀더 기다리는 법을 배웠다. 나는 먼저 상황을 자세하게 분석하면서 잠시 행동을 유보하는 경향이 있다. 경우에 따라서 나는 좀더 신속하게 행동하는 습관을 길러야 한다. 결론적으로 말하자면, 자신을 둘러싸고 있는 상황을 능동적으로 변화시키기 위해서 우리는 적절한 사고와 행동을 하면서 살아가는 방법을 배워야 한다.

삶의 동반자가 필요하다

민간항공기를 운항할 때는 기장과 함께 반드시 부기장이 탑승하도록 규정되어 있다. 그것은 비행기를 올바른 궤도로 순조롭게 운항하기 위해서 수시로 점검해야 할 계기들이 너무나 많기 때문이다. 우리 모두는 인생의 항로를 운항하고 있다. 그런데 우리 중 상당수의 사람들은 혼자 비행을 하고 있다. 어떤 사람들은 하나님께서 함께 해주실 것을 간구하기도 한다. 그런데 그중에는 하나님께서 함께 비행기를 타는 것까지는 괜찮지만, 그분이 조종석이 아닌 객실에 앉아 계시기를 바란다. 그러다가 긴급한 상황에 처하거나 기적이 필요할 때만 객실에 계신 그분을 조종석으로 모셔 온다. 그러나 하나님께서는 처음부터 끝까지 조종석에서 우리와 함께 앉아 계시면서 항로를 점검하고 잘못된 길을 수정해 주시기를 원하신다. 우리 삶의 모든 일은 하나님께 속한 것이다. 평소에는 잊고 살다가 실직했을 때나 진급에 누락되었을 때처럼 필요할 때만 하나님을 찾는다면, 응급처방은 받을 수 있을지 모르지만 인생 길을 걸어가는 발걸음을 뗄 때마다 그분의 신실한 도우심을 받는 축복은 잃어버리게 된다.

우리는 기도하면서 매일 하나님과 지속적이고 적극적인 관계를 유지해야 한다. 그래야만 어떤 문제를 만났을 때 그분의 임재를 체험하고 인도받을 수 있다. 직장 생활을 하던 시절에 나를 엄청나게 괴롭히는 상사가 한 분 있었다. 그가 변하도록 나는 오랫동안 기도했다. 그러나 아내를 통해서 나에게 주신 하나님의 구체적이고 분명한 말씀은 내가 변해야 한다는 것이었다. 나는 아내의 말을 소홀히 넘기지 않았다. 그 상사에 대한 나의 행동과 태도 하나하나에 좀더 신경을 쓰기 시작했다. 오랜 세월이 흐른 지금 그와 나는 둘도 없는 친구가 되었다. 그리고 그의 가족이 그리스도를 따라 살려는 결정을 내리는 과정에 귀한 도움을 줄 수 있었다. 만일 그 갈등을 해결하지 못하고 섣부르게 사표를 던졌더라면, 이와 같은 축복의 기회는 가질 수 없었을 것이다.

한 가지 유념할 것은 하나님이 기도 응답기(prayer-answering machine)가 아니라는 점이다. 하나님은 우리의 삶에 일일이 간섭하시고 우리를 성장시키길 원하신다. 짐(Jim)은 생산공정에서 범한 실수를 은폐하기 위해 거짓말을 했던 사람이었다. 나는 그에게 실패와 두려움을 이겨낼 수 있는 용기를 달라고 하나님께 기도해 보라고 강하게 권면했다. 이는 곧 상사의 눈을 똑바로 보고 "제가 작업지시서를 잘못 읽고 실수를 했습니다. 앞으로는 이런 일이 없도록 주의하겠습니다"라고 솔직히 말할 수 있을 정도로 자라나 성숙하게 되는 것을 의미한다.

이 일을 계기로 짐은 자신의 행동에 책임감을 느끼기 시작했고, 개인적으로도 더욱 당당한 사람이 되었으며, 근무 성적도 크게 향상되었다. 하나님은 우리가 스스로의 특정한 틀에 빠져서 다른 사람과 갈등하거나 불미스럽게 직장 생활을 마감하길 원하지 않으신다. 고린도후서에서는 우리를 향한 하나님의 약속을 발견할 수 있다. "내 은혜가 네게 족하도다 이는 내 능력이 약한 데서 온전하여짐이라"(고후 12:9).

하나님은 일터에서 부딪히는 심각한 문제들을 풀어 나갈 수 있도록 도우실 것이다. 그 과정을 통해서 여러분이 좀더 성숙하게 자라는 것을 방해하는 결정적인 요소를 찾아내어 새로운 성장의 길로 인도하실 것이다.

책임 있는 동반자

독자들은 이 책을 읽으면서 '책임 있는 동반자'라는 말을 자주 접하게 될 것이다. 척(Chuck)은 나와 20년 동안 성경공부를 늘 함께 했던 친구다. 시간이 허락할 때는 거의 매주 만났고, 바쁘더라도 한 달에 한 번 정도는 만났다. 우리가 교제하는 동안 나는 직장을 세 번 옮겼고, 세 명의 자녀가 생겼다. 우리는 믿음을 함께 나누었을 뿐만 아니라 마음속에서 생겨나는 의심과 직장에서 겪는 복잡한 문제들도 함께 고민하고 기도했다. 척은 나에게 영적인 부분뿐 아니라 감정적인 부분과 직장 생활에서의 실제적인 문제에 이르기까지 많은 도움을 주었다. 그는 나의 질문을 경청하고 신중하게 고민해 주었으며, 자신이 느낀 바를 숨김없이 말해 주었고, 때로는 애정 어린 비판도 서슴지 않았다. 그 덕분에 나는 자기 연민에 빠지지 않을 수 있었다.

그는 실로 용기 있는 사람이었다.

예를 들어서, 그는 내가 일 때문에 만나야 하는 여성들에 대해서도 잘 알고 있었다. 어느 날 그는 나를 똑바로 쳐다보면서 도전적인 어투로 물었다. "자네는 그 여성들과 순수한 관계를 유지하고 있다고 생각하나?"

다행히 나는 그렇다고 대답할 수 있었다. 그러나 그의 입장에서 그런 질문을 하기란 쉽지 않은 일이며 적잖은 용기가 필요했을 것이다. 그로 인해 나는 때로는 내가 바른 길을 가고 있는지 확인할 수 있었고, 어떤 경우에는 잘못하고 있는 일을 바로잡을 수 있었다.

나는 어떤 어려움을 당할 때도 함께 있어 주는 친구가 있다는 사실로 인해서 큰 행복감을 느낀다. 그는 내가 항상 하나님 중심으로 살아가며 영적인 통찰력을 잃어버리지 않도록 많은 도움을 주었다. 그와의 우정은 부부 관계에도 간접적인 도움을 주었다. 왜냐하면 내 마음속에 품고 있는 분노나 실망감 중 상당 부분이 그를 통해서 해소되고 완화되었기 때문이다. 그가 없었다면 그 모든 분노와 격한 감정을 고스란히 아내에게 전가시켰을지도 모른다.

나는 여러분들에게 신실한 믿음의 친구를 사귀길 권면하고 싶다. 그런 친구는 한 사람의 온전한 신앙인으로서, 자연인으로서 살아가는 데 필요한 도움과 도전을 여러분에게 줄 수 있다. 그런 친구들이 한두 사람만 있다면, 풀기 어렵고 아무한테나 말을 꺼내기 어려운 난제들을 솔직하게 털어놓고 상담할 수 있을 것이다. 설사 그 문제들을 완전하게 해결할 수 없다 하더라도, 긴장되고 격해진 감정이 그들과 함께 시간을 보내는 동안에 상당히 편안해지는 것을 느낄 수 있다.

진정한 '책임 있는 동반자'가 되기 위해서는 일방 통행이 아닌 쌍

방향 통행을 해야 함을 잊지 말라. "철이 철을 날카롭게 하는 것같이 사람이 그 친구의 얼굴을 빛나게 하느니라"(잠 27:17). 척이 나를 도왔던 것처럼 나 역시 그를 위해 기도하면서 그가 외롭고 중대한 결정을 해야 할 때 항상 그의 곁에 있었다. 하나님과 척은 승객으로서 객실에 앉아 있지 않고, 항상 나와 함께 조종석에 앉아 있었다.

▲▲▲

문제 속에 길이 있다

"사람이 사는 동안에 기뻐하며 선을 행하는 것보다 나은 것이 없는 줄을 내가 알았고 사람마다 먹고 마시는 것과 수고함으로 낙을 누리는 것이 하나님의 선물인 줄을 또한 알았도다"(전 3:12~13).

하나님은 전도서에서 일이 곧 선물이라고 말씀하신다. 척 스윈돌(Chuck Swindoll)은 저서인 『나에게 다른 벽돌을 주소서』(Hand Me Another Brick)에서 이스라엘인들이 예루살렘 성벽을 재건한 일에 대해서 언급하고 있다. 성벽이 절반쯤 완성되었을 때 그들은 앞으로 더 쌓아야 할 남아 있는 벽돌을 바라보았다. 이스라엘 백성들은 이제까지 쌓아 놓은 완성된 절반의 성벽을 통해 하나님을 찬양하는 대신에 앞으로 쌓아야 할 수북한 벽돌을 보며 낙담했다는 것이다. 일을 하면서 심각한 문제를 만났을 때, 사람들은 이제까지 이루어 놓은 성과들을 보기보다 앞으로 헤쳐 나가야 할 수많은 역경들을 먼저 바라본다.

내가 아주 좋아하고 힘을 얻는 단어가 있다. 그것은 바로 '희망'이다. 많은 사람들이 나를 찾아와서 낙담한 표정으로 말한다. "더 이상 아무런 희망도 없어요." 그러면 나는 항상 이렇게 대답한다. "아니오. 분명히 희망은 있습니다." 여러분의 문제 속에는 분명히 길이 있다. 여기 나를 격려하는 성경구절을 소개한다.

- 나 여호와가 말하노라 너희를 향한 나의 생각은 내가 아나니 재앙이 아니라 곧 평안이요 너희 장래에 소망을 주려 하는 생각이라(렘 29:11).
- 하나님은 미쁘사 너희가 감당치 못할 시험당함을 허락지 아니하시고(고전 10:13).
- 하나님이 우리에게 주신 것은 두려워하는 마음이 아니요 오직 능력과 사랑과 근신하는 마음이니(딤후 1:7).
- 내가 네게 명한 것이 아니냐 마음을 강하게 하고 담대히 하라 두려워 말며 놀라지 말라 네가 어디로 가든지 네 하나님 여호와가 너와 함께 하느니라 하시니라(수 1:9).

하나님은 우리 각자를 끝없이 돌보시고 인도하시며 필요한 것을 공급하시겠다고 약속하신다.

나는 여러분이 이 책을 통해서 어떤 것을 결정하기 전에 하나님과 말씀에 점점 더 초점을 맞추기를 기도한다. 이는 성숙한 그리스도인에게 당연히 드러나야 할 삶의 모습이다. 그렇게 할 때 여러분을 가로막고 있는 갈등을 쉽게 풀어 나갈 수 있을 것이다.

갈등 *1*

직장이 싫어질 때

찰스 콜슨(Charles Colson)은 저서인 『미국이 제대로 작동하지 않는 이유』(*Why America Doesn't Work*)에서 제2차 세계대전 당시 한 독일군 포로수용소에서 있었던 일에 대하여 언급했다. 독일군은 포로들에게 외바퀴 손수레를 주면서 무더기로 쌓인 무거운 돌을 옮기라고 명령했다. 포로들이 돌무더기를 모두 옮기자, 독일군은 다시 그 돌을 원래 있던 자리로 옮겨 놓으라고 명령했다. 그렇게 돌을 여기서 저기로, 저기서 여기로 옮겨 놓길 일주일 동안 계속했다. 포로들은 짜증이 나기 시작했다. 그들이 하는 일은 아무 가치도 의미도 없는 일이었다. 아마도 포로들은 아무 생각 없이 기계적인 동작을 반복했을 뿐이고, 그로 인해 은근히 화가 났을 것이다.

여러분이 하는 일이 세계를 위하여, 혹은 자신의 삶을 위하여 뭔가 가치 있는 일이라고 생각하는가? 하루 일과를 마칠 때 하루 동안에 일어난 변화와 성취로 인해 기뻐하며 퇴근하는가? 아니면 그런 무료

한 상황을 바꿔 보려고 노력해 본 적이 있는가? 사람들이 일에 애착을 갖지 못하고 갈등하는 가장 큰 이유는 바로 자신의 일이 가치 없으며, 사회에 아무 기여도 하지 못한다는 느낌 때문이다.

변화 없이 반복되는 하루하루

많은 사람들이 이렇다 할 목표 없이 하루하루 지내고 있다. 그들은 날마다 지루한 일상을 반복할 뿐이다.

만일 여러분이 이런 생활에 염증을 느끼고 있다면, 그것은 일 가운데서 중요한 두 단어가 빠져 있기 때문이다. 그것은 바로 열정과 의미부여다.

인생은 너무 짧다. 포로들이 돌을 이리저리 옮기듯이 허송하기에는 세월이 너무 짧다. 일에 대한 열정이나 의미부여를 일정 기간 하지 못하고 살게 되면 내적인 갈등이 일어난다. 이런 갈등에서 벗어나기 위한 방법도 두 가지다.

첫째, 열정과 의미부여가 얼마나 중요한지 스스로 느껴야 한다. 둘째, 이 두 가지가 여러분의 삶에 다시 나타나도록 하기 위해 필요한 일을 행동으로 옮겨야 한다.

소프트웨어 회사에 다니는 존(John)이라는 청년이 나를 찾아와서 급한 마음으로 도움을 청했다. 그는 비교적 일도 잘하는 편이었고 자신이 하고 있는 일도 좋아했다. 그런데 언제부터인지 따분함을 느끼기 시작했다. 존은 이렇게 말했다. "매사에 의욕이 없고 제가 하는 일이 무의미하게 느껴져요." 존은 뭔가 좀더 새롭고 재미있는 일을 찾고 싶어했다. 그가 겪는 갈등은 직장인들에게서 흔히 찾아볼 수 있는 것이다. 그에게는 하고 있는 일에 대한 열정이 없었다. 존이 나에게 물었다. "도대체 뭐가 잘못된 거죠?"

열정이란?

열정 있는 사람은 일터에서 책임감을 가지고 일하며, 대인 관계도 원만하다. 열정 있는 사람은 현재 자신이 하고 있는 일에 대하여 긍정적으로 생각한다. 그는 항상 일에 적극적이며, 과감하게 결정하고, 문제들을 해결한다. 여러분의 마음속에도 이런 열정이 있는가? 아침마다 납덩이같이 무거운 마음으로 잠자리에서 일어나지는 않는가? 심지어 여러분이 처한 상황 때문에 하나님까지 원망하지는 않는가? 정열을 가지고 일에 임하고 있는가? 아니면 죽지 못해 하루하루 살아가고 있는가?

일에 열정을 느끼지 못하는 이유는 대체로 다음과 같다.

- 직업의 중요성을 인식하지 못했기 때문이다. 자신이 하는 일이 얼마나 중요한지 인식하지 못하고 있다. 그래서 뭔가 좀더 재미있고 환상적인 일이 없을까 하면서 항상 주변을 두리번거린다.
- 일을 하면서 만회하기 힘든 실수를 저질렀거나 실패했기 때문이다. 그리고 현재의 상황이 좀처럼 나아질 것 같아 보이지 않는다.
- 스스로 일에 대한 열정을 회복하는 것이 불가능하다고 믿고 있다. 대부분의 사람들은 이런 오류에 빠져 있다.

의미부여를 위한 시도

의미를 부여한다는 말은 하는 일이 가치 있으며, 자신뿐 아니라 다른 사람들에게도 유익한 일임을 인식하는 것을 말한다. 하루 또는 일주일의 일을 마쳤을 때 마음속으로 "음! 일을 시작하기 전보다 훨씬 낫군!"이라고 말할 수 있다면, 그는 의미 있는 일을 한 것이다. 내가 하는 일로 인해서 사회에 뭔가 기여할 수 있다면, 그 목적을 가지고 하루하루 살아간다면, 그 인생 자체는 가치 있을 것이다.

돈(Don)은 수리 센터를 운영하고 있었지만 지금은 사실상 그만둔 상태이다. 그런데 그는 일을 그만두고 싶지 않았다. "일을 할 때마다 저는 기분이 매우 좋았어요. 사람들은 집에 고장난 가전제품이나 기계가 있으면 저를 불러요. 제가 호출을 받고 그 집을 방문하면 그들의 얼굴은 비로소 환해집니다. 저는 그것이 참 좋았어요. 그리고 제 손재주 덕에 고장난 물건이 다시 작동하게 되면, 저는 말할 수 없는 성취감을 느낀답니다." 돈은 자신이 하는 일이 어떤 의미를 지니고 있는지 잘 알고 있는 사람이었다.

의미부여를 하지 못하는 이유

자신이 하는 일에 의미를 부여하지 못하거나 누군가에게 큰 기여를 하지 못한다고 느끼는 이유는 대체로 다음과 같다.

• 한 일에 대해 적절한 보상을 받지 못한다고 생각하기 때문이다. 이런 사람들은 자신의 일이 얼마나 소중한지 생각하기 위한 조

용한 시간이 필요하다.

- 스스로를 무가치한 존재라고 느낀다. 다른 사람과 직장에 크게 기여할 수 있는 사람이 아니라고 스스로를 비하하는 사람이 있다.
- 일의 가치에 대해 하나님께서 어떻게 생각하시는지를 이해하지 못하고 있다. 하나님의 관점은 사람의 관점과 다르다. 우리들은 중요한 일을 하는 사람은 당연히 높은 지위와 특권과 권한을 누려야 하며 다른 사람으로부터 존경받아야 한다고 생각한다. 이런 식으로 하나님의 관점을 이해하지 못하는 한 직장에서의 갈등은 피할 수 없다.

여러분은 이 세 가지 경우에 해당되지 않는가? 만일 이 중 어느 하나에 해당된다면, 상담을 해줄 수 있는 믿을 만한 친구를 만나 함께 생각을 나누면서 일의 목적과 중요성을 새롭게 인식하라. 어떤 때에 성취감을 느끼는가? 뭔가 변화가 필요하다고 생각한다면, 그 변화를 위해서 무엇을 해야 하는가? 또 현재의 직장이 정말 마음에 들지 않는다면, 어디서 무슨 일을 한다고 하면 삶의 활력을 회복할 수 있겠는가?

갈등과 연관되는 삶의 영역들

많은 사람들과 상담하면서 마음속의 절망감은 일에 대한 열정과 의미부여에 분명히 반비례한다는 결론을 내리게 되었다. 아래의 몇 가지 사례 가운데 여러분과 유사한 것은 없는지 생각해 보라.

- 벤(Ben)은 가족, 직장 동료, 친구들과의 대인 관계가 긴장의 연

속이다. 처음 만나는 사람들과는 거의 대화하지 않으며, 직장에서도 상당히 폐쇄적인 모습을 보이고 있다. 그의 불만과 좌절은 아내와의 관계에서부터 시작되었다.

- 칼(Karl)은 교회에서 청년회를 담당하고 있다. 처음에는 매우 열심이었지만 투철해 보이기까지 했던 책임감이 서서히 식어 가고 있다. 현재 그의 청년회 사역은 형식적이다. 너무나 열정적이었는데, 왜 그렇게 식어 버렸는지 도무지 알 수 없다. 시간이 갈수록 청년회 활동에서 발을 빼고 싶어하는 듯했다. 그는 친한 친구에게 이렇게 토로했다. "날 좀 봐. 내가 어떻게 하나님에 대해서 말할 수 있겠나. 신앙이 퇴보하고 있는 것 같아. 올바른 그리스도인이 된다는 것이 얼마나 어려운지 새삼 느낀다네."

- 건설회사에 다니는 랜디(Randy)도 일에 대한 열정이 점점 식어가는 것을 느끼고 있었다. 당연히 일에 대한 성취도는 과거에 비해 훨씬 떨어졌다. "그런 복잡한 일은 생각하기 싫어요. 그저 시간만 때울 뿐이죠." 그 이유는 상사가 새로운 분야까지 업무 영역을 확대할 생각이 없기 때문이다. 당연히 그에게는 새로운 일을 배울 기회도, 자신의 능력을 개발할 기회도 없어졌다.

- 경찰인 브라이언(Bryan)은 경위 승진에 실패하면서 체중이 20킬로그램이나 넘게 불었다. 그는 매사에 의욕을 잃었고, 운동도 중단했으며, 건강에 좋지 않은 음식을 아무렇지도 않게 먹기 시작했다. 자신의 몸이 나날이 불어나는 모습을 보면서 그는 생각했다. "무슨 상관이야."

염증의 뿌리는?

모든 직장인들은 자신의 일이 변화를 가져다 주기를 바란다. 매일 같은 일을 반복하면서 자신의 일이 그리 중요해 보이지 않을 때 마음속에서는 갈등이 일어나게 된다. 실제로 마음속에 품고 있던 기대와 꿈이 현실과 큰 괴리를 보일 때 갈등의 원인이 된다. 만일 여러분이 이런 상황이라면, 우선 처음에 설정해 놓았던 삶과 일의 방향부터 다시 점검해야 한다. 여기에는 세 가지 가능성이 있다.

의미부여가 되지 않은 상태

많은 직장인들을 상담하다 보면, 일을 좋아하지만 의미부여가 되지 않은 이들을 종종 만날 수 있다. 석유와 목재와 은행 관련 종사자들 가운데 이런 사람들이 특히 많았던 것 같다. 기술의 발달과 시장 환경의 급변, 그에 따른 구조 조정으로 이 분야의 산업 환경이 근본적으로 변화했다. 한때 미국 북서부 지역의 목재 사업가들은 가장 책임감이 크고 미래를 낙관하는 직업군으로 꼽혔지만, 벌목 면적이 해마다 감소하면서 그들은 깊은 절망감에 빠져 있다. 이런 그들의 근무 환경이 앞으로 개선될 전망은 거의 없다. 그들은 자신의 일이 매우 무의미하며 하찮다고 느끼고 있다.

큰 애착을 가지고 일을 하던 중에 갑작스럽게 전혀 원하지 않던 부서로 발령을 받거나 좌천을 당한 경험이 있는가? 그 경우 새로운 부서에서 나름대로 정을 붙이면 다행이지만, 예전만큼 애착을 느끼지 못할 경우 대부분 내적 갈등이 일어나게 된다. 이럴 때 어떻게 해야 할까?

세 가지 가능성이 있다. 첫째는 동종업계나 같은 회사 안에서 자신이 일할 수 있는 새로운 자리를 찾아보는 것이다. 둘째는 상황을 그대로 받아들여 새로운 부서와 일자리에 나름대로 의미를 부여해 적응하는 것이다. 셋째는 회사는 물론 그 업계를 떠나 전혀 새로운 인생을 설계하는 것이다. 나는 이 세 가지 방법을 택하여 각기 성공한 사례를 알고 있다.

열정은 없으나 의미부여가 제대로 된 경우

컴퓨터 기술자, 과학자, 기업가, 기계 공학자, 공구 수리 전문가 등 많은 사람들이 나를 찾아왔다. 이 분야에 종사하는 사람들은 선망의 대상이 되지만, 정작 이들은 자기 직업에 별로 만족하지 못하고 있다. 이 직업은 비교적 사회에 대한 공헌도 높고, 꽤 수입도 좋은 직종이다. 그럼에도 불구하고 일에 대한 감흥과 열정은 사라진 지 오래이다. 이들은 이구동성으로 이렇게 말한다.

"제가 이 직업을 싫어한다고 말하면, 사람들은 배부른 소리 하지 말라고 합니다. 어떤 사람은 저와 동일한 직업을 가지고 일할 수 있다면 죽어도 좋다고까지 말하지요."

짐(Jim)은 대기업의 기술 개발 책임자이다. 여러 차례 참신한 생산 기계 설비를 설계해 회사의 매출과 이익에 크게 기여하기도 했다. 그러나 언제부터인지는 모르지만 자신의 일뿐 아니라 몸담고 있는 업계에 대한 애착을 완전히 잃어버렸다. 자신의 일이 고소득 직종이며 사회에 대한 공헌도 크다는 것을 알고 있었지만, 열정을 잃어버린 순간 일이 전혀 즐겁지 않았다.

짐의 문제는 스스로에 대한 기대치와 의욕이 너무 높은 데서 비롯되었다. 의욕이 높고 자신의 기술이나 능력에 대한 믿음이 큰 사람들은 쉬지 않고 일에 몰두하며, 그 결과 끊임없는 승진과 신분 상승을 꿈꾼다. 현실에 적응하고 만족을 느끼며 살아가는 사람들도 있지만 대부분은 마음속에 조금씩 불만을 쌓아 간다.

여러분은 어디에 속하는가? 쉼 없이 앞만 보고 뛴 결과가 텅 빈 공허감으로 나타나고 있지는 않는가?

일에 대한 가치도 느끼지 못하고 열정도 없는 경우

이 경우는 그야말로 문제가 심각하다.

폴(Paul)은 목사다. 그가 목회를 시작한 지 이미 15년이 지났다. 그러나 교회는 부흥하지 않았고, 성도들은 교회에 활기가 없다고 불평했다. 폴은 상담하면서 한탄 조로 얘기했다.

"나를 위해 사는 것도 아니고, 그렇다고 성도들을 위해서 헌신한 것도 아니었어요."

그는 매일의 일정표를 볼 때마다 진저리를 느낀 적이 한두 번이 아니라고 한다. 원인이 무엇일까? 열정의 부재일까? 아니면 노력만큼 부흥하지 않아서 낙심하게 된 것일까? 그것도 아니면 능력이나 헌신하는 마음이 부족한 것일까? 결국 폴은 단독 목회를 포기하고 큰 교회의 부목사로 일하게 되었다. 그는 교회의 최종적인 책임자로서 결정을 내려야 하는 부담감이 별로 없는 부교역자 생활에 큰 만족을 느끼게 되었다. 이 경우는 자신의 역할을 축소시키는 데에서 해결책을 찾아낸 예이다.

살아가다 보면 자신의 수준과 적성에 맞지 않는 일이나 직책이 주어지는 경우가 있다. 주어진 임무가 자신에게 적합하지 않더라도 큰 실수 없이 그 일을 수행해 나가는 경우도 있다. 또 돈만 많이 벌 수 있고 사회적인 존경과 지위만 얻을 수 있다면, 그 일이 내 적성에 맞는가의 여부는 그리 중요하지 않다고 생각하는 사람도 있다.

폴처럼 담임목사의 자리를 포기하고 부목사가 되는 것은 어느 정도 자존심이 상하는 일이다. 그러나 자신이 신명을 바쳐서 일할 수 있고 일한 만큼의 성취감을 맛볼 수 있다면, 과감하게 스스로를 변화시킬 필요가 있지 않을까.

자신의 일이 중요하다고 생각하며 열정도 충만한 경우

하는 일이 사회와 직장에 크게 기여한다고 느끼며 신명을 다해 일하는 사람들은 다음과 같은 즐거움을 누릴 수 있다.

- 하나님의 뜻에 따라 살아가고 있다고 생각한다.
- 하나님이 일 가운데 함께 하신다고 생각한다.
- 시간이 너무 빨리 흐른다.
- 지치지 않으며 아무리 일을 많이 해도 별로 피곤하지 않다.
- 항상 신바람이 난다.
- 일하는 것 자체로 행복하다.
- 스스로를 절제할 수 있다.
- 근심과 두려움을 찾아볼 수 없다(일 가운데 부딪히는 문제는 그에게 오히려 새로운 도전과 의욕을 불러일으킨다).

돈(Don)은 그리 큰 수입을 얻지 못한다. 그렇지만 상사는 돈에게 점점 더 많은 일을 맡기고 있다. 50세가 된 그는 일에 대한 자부심이나 열정을 잃어버린 채 나를 찾아왔다. 돈의 재능과 흥미, 그리고 현재의 상황이 무엇인지에 대해 함께 검토해 보았다.

- 그는 물건을 수리하고 만드는 것을 좋아한다.
- 그는 사람들과 어울려 일하는 것을 좋아한다.
- 그는 사사건건 간섭하는 상사 밑에서 일하는 것보다 자유스러운 분위기에서 자율적으로 일하고 싶어한다.

돈은 탁월한 기술을 가지고 있었으나 현재는 영업 부서에서 일하고 있기 때문에 그 능력을 발휘할 기회가 없었다. 우리는 그의 앞길을 인도해 달라고 함께 기도했다.

얼마 뒤에 그는 사직하고 레스토랑, 양로원, 자동차에 연결한 이동식 집 등을 유지하고 보수하는 서비스업을 시작했다. 자신의 흥미와 적성과 기술을 마음껏 발휘할 수 있는 일을 시작한 것이다. 지금 그는 일에 대한 열정과 함께 자부심을 많이 느끼며 살아가고 있다. 하나님은 모든 길을 형통하게 하신다.

일에 대한 열정을 회복하기 위하여

상담을 받기 위해서 찾아온 사람들에게 나는 이렇게 질문한다.

"현재 상황에서 가장 만족할 수 있고, 또 정말 하고 싶은 일은 무엇인가요?"

이 질문에 즉시 답변하는 사람은 절반이 채 안 된다. 어떤 이들은 그런 생각을 하는 것을 매우 이기적인 사고 방식이라고 생각한다. 그렇다면 우리의 인생 길을 가장 합당하게 인도해 달라고 기도하는 것이 잘못이란 말인가? 그렇지 않다. 우리는 그렇게 기도해야 한다. 하나님은 약속하셨다.

"또 여호와를 기뻐하라 저가 네 마음의 소원을 이루어 주시리로다"(시 37:4).

인생에 대한 하나님의 뜻과 계획을 안다는 것은 환상이나 음성 등을 통해 계시받는 신비로운 현상을 말하는 것이 아니다. 하나님은 지극히 자연스러운 방법을 통해서도 자신의 뜻을 드러내신다. 하나님에 대한 열정을 통해서 우리는 새로운 에너지를 얻게 될 것이고, 이를 통해 삶에 대한 열정도 회복될 수 있을 것이다.

반면 일에 너무 열중한 나머지 하나님을 만나는 일을 소홀히 할 때 그분은 일에 대한 열정을 거둬 버리는지 모른다. 특별히 시간을 정하여 기도하고, 하나님의 말씀을 묵상하고, 성도와 교제를 나누며, 우리 안에 있는 죄를 회개하는 일은 절대로 멈춰서는 안 된다. 하나님께 마음을 열고 성령님을 마음에 모셔들일 때 그분은 대인 관계와 일과 일상적인 삶까지 간섭하실 것이고, 비로소 일과 삶에 대한 열정도 회복할 수 있을 것이다.

마음속의 열망

어릴 때의 꿈을 나중에 어른이 되어서 실제로 실현시킨 사람들이 적지 않다. 그 꿈이 과학자, 트럭 기사, 선교사처럼 분명하고 구체적일 수도 있고 반대로 사업가, 여행가, 갑부, 성공처럼 추상적일 수도 있다. 하지만 대부분의 사람들은 어린 시절의 꿈과는 전혀 다른 인생을 살아가고 있다. 그들에게 있어서 꿈이란 한낱 어린 시절의 공상일 뿐이다.

여러분의 경우는 어떤가? 애초에 실현성이 크지 않은 꿈을 가졌던 사람들도 있을 것이다. 그러나 우리는 더 이상 그 꿈에 머물러 있을 정도로 젊지 못하다. 그렇지만 지금도 어린 시절의 꿈을 아름답게 키워 나가는 사람들도 있다.

〈홀랜드 오퍼스〉(*Holland's Opus*)라는 영화가 있다. 이 영화의 주인공인 리처드 드레이퍼스(Richard Dreyfus)는 작곡가가 되고 싶어했지만, 고등학교의 음악교사로 평생을 보낸다. 그러나 한 번도 자신의 꿈을 잊어버린 적이 없었고, 학생들과 함께 그 꿈을 키워 나간다. 그렇지만 자신의 일에 한 번도 만족해 본 적이 없다. 한 사람의 음악교사로서 많은 것을 성취했지만 결코 만족할 수 없었다. 그는 작곡가로서의 꿈을 교사의 꿈으로 대치하는 데 실패한 것이다.

어떤 일에 열정을 품기 위해서는 우선 나의 꿈이 무엇인가를 스스로 발견해야 한다. 그리고 하나님께서 간섭하셔서 다른 꿈을 보여 주시거나 스스로 다른 꿈을 찾게 되지 않는 한, 그 꿈을 성취하기 위해 부단한 노력을 기울여야 한다.

꿈을 세우는 방법

이제까지 추구해 왔던 꿈을 다시 생각해 봐야 할 상황인가? 그렇다면 우선 현재 하고 있는 일에 대하여 먼저 분석해 봐야 한다.

• 이제까지 직장, 가정, 교회, 사회에서 성취한 것들을 적어 보라. 그 일들 중에서 가장 즐거웠던 것은 무엇이었는가?
• 여러분의 관심은?(사람, 물건, 글쓰기, 연설, 계산, 여가 활동, 아니면 이 일들을 통합하는 업무)
• 일 가운데서 특히 의욕을 느끼게 하는 활동은 무엇인가?(지도력, 섬김, 연구, 혼란스럽고 번잡한 것을 질서 있게 정리하는 일, 협상하고 판매하는 일, 남을 가르치는 일 등)
• 특별히 내세울 만한 기술은?(기계 조작, 건축, 컴퓨터, 집필, 연설, 운전, 남의 말을 경청하는 일, 운영 및 경영, 협상, 영업, 문제 해결 능력 등)

이와 같이 자신의 관심과 능력과 의욕을 분석해 가는 과정에서 꿈과 열정을 좀더 구체화시킬 수 있을 것이다. 필요하다면 직업[1]과 관련된 책을 읽거나 전문가에게 상담을 요청하거나 믿을 만한 사람을 만나서 여러분이 직면한 어려운 문제를 어떻게 풀어야 할 것인지에 대해 논의할 수 있다. 그리고 자신이 있어야 할 곳이 어디인지 알려 달라고 하나님께 구하라.

---

1) 이 책의 뒷부분에 있는 참고문헌을 보라.

하나님께서 개입하실 만큼 위대한 꿈을 가져라

지금도 어린 시절에 품었던 꿈을 이루기 위해 노력하는 사람도 있고, 새로운 꿈을 세우기 위해서 애쓰는 사람도 있을 것이다. 어떤 경우든 꿈은 자신의 능력으로 성취할 수 있는 수준보다 커야 한다. 스스로의 힘으로 충분히 이룰 수 있는 정도의 꿈이라면, 굳이 하나님께 간구해야 할 필요가 없지 않은가. 예를 들면 나의 꿈은 현재의 사업을 바탕으로 파트 타임 목회를 하는 것이다. 처음에는 이 일이 불가능해 보였다. 그러나 몇 달 뒤 상황이 바뀌었다. 내 뜻에 공감하는 한 사업가의 도움으로, 일하면서도 대학원에서 신학을 공부해 석사학위를 받았다. 나는 일주일 가운데 사흘은 컨설팅 업무에, 이틀은 목회 활동에 할애하고 싶었는데 그분도 내 생각에 동의했다. 여러 가지 여건으로 볼 때 나의 꿈은 이루기 어렵게 보였지만, 그것을 가능케 한 것은 전적으로 하나님의 역사였다.

여기서 주의해야 할 점이 있다. 믿음에 의지해서 실현 가능한 수준보다 좀더 높은 꿈을 품는다는 것과 무모한 계획을 세운다는 것은 전혀 다른 일이다. 무모한 계획은 가족들을 경제적으로나 정신적으로 큰 곤경에 빠뜨릴 수 있다. 믿음에 기반을 둔 높은 이상은 믿을 만한 전문가들이나 친구들의 조언을 받아가면서, 기도 가운데 세우고 실현해야 한다. 또 기혼자라면 배우자와 깊이 상의해야 한다. 나도 직장을 네 번이나 옮겼다. 그리고 그때마다 마음이 편안하지 못했지만, 그럴수록 나를 돌보시는 하나님의 사랑과 도움을 느낄 수 있었다.

일에 대한 열정을 잃어버린 이들에게 강력하게 권면하고 싶다. 일에 대한 비전을 새롭게 세우라. 처음에 어렴풋이 품었던 꿈을 현재의 직업에 적용해 구체화시켜라.

이것은 매우 중요하다. 심리학자들은 사람에게는 두 가지 기본적인 욕구가 있다고 말한다. 첫째는 사랑을 주고받고 싶은 욕구다. 둘째는 자신이 하는 일이 의미 있다는 점을 늘 확인하고 싶어하는 존재 가치에 대한 욕구다. 사람들은 누구나 자신이 하는 일이 다른 사람에게 유익을 끼치고 직장과 부서에 나름대로 기여하기를 바란다. 최소한 노력한 것에 비해 좀더 많은 기여를 할 수 있길 바란다. 그러나 이것은 우리의 가치를 측정하는 절대적인 기준은 아니다.

우리의 가치를 진정으로 확인하고 싶다면, 다음 세 가지에 대해서 깊이 생각해 봐야 한다. 즉 내가 무엇을 하고 있으며, 내가 누구이며, 어떤 존재인가? 이 물음에 대한 올바른 성찰이 없이는 갈등과 좌절에서 헤어날 방법이 없다.

▲▲▲

나는 무슨 일을 하고 있는가?

자신이 하는 일에 의미를 부여하게 될 때 다음과 같은 경험을 하게 된다.

첫째, 스스로 뭔가 중요한 기여를 하고 있다고 느낀다. 금융 설계사인 켄(Ken)은 고객의 재산 운용에 대한 상담을 하면서 큰 기쁨을 느끼고 있다. 그는 매일 업무를 마칠 때마다 스스로에게 '오늘도 나로 인해서 많은 변화가 일어났어'라고 말하곤 한다.

둘째, 스스로를 가치 있는 존재로 느낀다. 로이(Roy)는 음료 유통회사에서 근무하고 있는데, 매우 우수한 직원으로 꼽히고 있다. 그는 책임감 있게 업무를 처리해 보수도 많이 받지만, 무엇보다 신앙 양심상 맥주나 포도주 판매와 관련된 업무는 맡지 않고 있다.

셋째, 다른 사람들이 자신의 가치를 인정하고 있음을 느낀다. 나의 삼촌은 LA에서 택시 운전을 하는데, 그는 손님을 목적지까지 모셔 드리고 함께 대화를 나누고 격려하는 일에 대해서 열정과 보람을 느끼고 있다.

넷째, 하나님의 목적에 따라 살고 있음을 느낀다. 내가 컨설팅 사업을 처음 시작한 것은 1990년대에 들어서였다. 이 일이 내 생애를 통해서 이루어야 할 하나님의 뜻에 합당한 것이라고 믿는다. 그렇기 때문에 이 일을 위해 좀더 많은 준비와 기도를 해야 한다. 아내와 나는 과거 직장 생활을 할 때보다 수입이 못하고 대학을 다니는 두 자녀의 학비를 마련해야 하는 벅찬 상황이지만, 항상 기쁨에 넘쳐 살아가고 있다.

▲▲▲

나는 누구인가?

빌(Bill)은 나를 비롯해 다른 많은 이들과 똑같은 사람이었다. 그는 성취감에 삶의 의미를 부여했으며, 주위 사람들도 그의 능력을 인정해 주었고, 그 결과 승진하여 큰 기쁨을 느끼고 있었다. 그에게 있어서 가장 중요한 일은 개인적인 성취였다.

그러나 빌은 32세 때 나를 찾아왔다. 당시 그는 직장의 꽤 높은 직책에서 일하다가 해임되어 정서가 매우 불안한 상태였다. 그때까지는 실패를 모르는 창창한 젊은이였다. 그렇기 때문에 그가 느끼는 좌절감은 남달랐다. 상담을 통해서 우리는 일의 결과만이 그의 유일한 가치 척도였다는 사실을 발견했다. 그 결과는 절망이었다.

그는 스스로 자존감을 회복하기 위한 고통스러운 시간을 보내고 난 뒤에 새 직장을 구했다. 예전에 비해서 보수도 적고 직위도 높지 않았다. 그러나 일에 대한 열정과 보람을 되찾았다. 일과 관련 없는 것을 통해서도 한 사람의 자연인으로서 자신의 가치를 발견할 수 있게 되었다. 그리고 하나님의 계획 안에서 일하면서 즐거워할 수 있게 되었다.

아래에 나열한 단어들은 일에 대한 가치관을 정립하는 데 도움을 줄 수 있을 것이다. 아래의 단어들 가운데 자신의 성품을 잘 표현한다고 생각하는 곳에 표시해 보기 바란다.

□ 친절   □ 경쟁력   □ 믿을 만함
□ 동정심   □ 사랑   □ 평화
□ 헌신   □ 호기심   □ 예수 중심
□ 독립심   □ 일관성   □ 돌봄

▲▲▲

나는 어떤 존재인가?

내가 하나님을 창조자로 받아들이고, 예수님을 구주로 영접한 것은 32세 때였다. 그때 비로소 나는 처음으로 하나님의 사랑과 희생 안에서 진정한 가치와 중요성을 발견하게 되었다. 자신이 무엇을 하고 있는가를 생각하면 스스로 초라해 보일 수 있다. 그러나 자신이 누구에게 속한 존재인가를 생각할 때, 즉 식당 주방에서 접시 닦기를 하기 때문에 사회적으로 하찮게 보이는 사람부터 대기업의 사장에 이르기까지 귀하지 않은 사람은 없다.

나 역시도 누구에게 속한 사람인가를 생각하면서, 내가 귀한 존재임을 느끼게 되었다. 여러분도 자신의 삶을 예수 그리스도 안에서 하나님 앞에 굴복시킬 때 자신이 참으로 귀한 존재라는 사실을 알게 될 것이다.

우리는 하나님께 속한 존재이다. 그렇기 때문에 우리에게 일어나는 갈급함, 갈등, 좌절도 그분에 대한 우리의 주의를 촉구하시려는 하나님의 계획 가운데 일어나는 일이다. 하나님의 인도하심을 적극적으로 구할 때 우리는 앞날에 대한 그분의 계획을 기대하고, 그분의 인도에 초점을 맞추게 된다. 우리는 다른 사람을 섬길 때, 지식과 능력을 사용해서 다른 사람을 가르치고 지도할 때, 복음을 전파할 때 다른 그리스도인들이 좀더 성숙한 신앙을 가질 수 있도록 도울 때, 우리들이 참으로 존귀한 존재임을 새롭게 깨닫고 확인하게 된다. 하나님께서는 나의 가치에 대한 새로운 인식을 통해서 지금의 직업 컨설팅 사업을 시작하도록 인도하셨다.

현재 여러분이 일에 대한 열정을 전혀 느끼지 못한다 하더라도, 일에 어떤 보람도 느끼지 못한다 하더라도 나는 감히 여러분에게 약속할 수 있다. 여러분이 하나님께 시간을 드리고 그분께 기도할 수 있다면, 주변의 믿을 만한 사람과 그리스도 안에서 바른 길을 찾기 위한 상담에 시간을 할애할 수 있다면 하나님은 새로운 발걸음을 인도하실 것이고, 마음속에 새롭게 생겨난 꿈을 이룰 수 있는 직장을 허락하실 것이다.

프레드릭 뷰크너(Frederick Buechner)는 이렇게 말했다. "하나님이 부르고 있는 곳이 바로 당신이 기쁨에 빠질 수 있는 곳이며, 당신의 도움이 필요한 세계를 만날 수 있는 곳이다."

 **함께 이야기합시다**

1 여러분이 하고 있는 일이 스스로 생각하기에 의미 있다고 생각하는가? 그렇지 않다면, 이 문제를 해결하기 위해 뭔가를 할 준비가 되어 있는가?

2 여러분은 자신에게 맞는 직업에 종사하고 있는가, 아니면 여러분의 재능과 하나님이 주신 계획을 극대화하기 위해 다른 직업이 필요한가?

3 '내가 무엇을 하고 있는 것인가?' 라는 질문과 '당신의 직업과 직책은 무엇인가?' 라는 질문 중에 무엇이 더 중요하다고 생각하는가? 하나님께서 여러분을 인도하고 변화를 위한 길을 열어 주실 정도로 그분과의 관계가 온전한가?

갈등 2

도무지 미래가 보이지 않는다면

제프(Jeff)는 친한 친구의 가족이 소유하고 있는 목재 회사에서 일하고 있다. 그는 이 직장에서 자신이 하는 일이 위험하다는 점을 잘 알고 있다. 그러나 입사할 때 회사의 경영진들은 그가 업무를 파악하고 일에 충분히 숙달되면, 사업권의 일부를 떼어 주거나 회사 경영의 일부를 맡기겠다고 약속하였다. 제프는 열심히 일했고, 질 좋은 목재를 생산한 만큼 일도 잘했다. 그리고 상사로부터 많은 칭찬을 받았다. "너는 너무 잘하고 있어!"

그러나 15개월이 지난 지금, 그는 여전히 같은 급여에 같은 직책으로 같은 일을 하고 있으며 앞으로 나아질 기미가 보이지 않는다. 제프는 조금 화가 났다. 날마다 지루한 일상이 반복되는 것을 생각하면 아침에 잠자리에서 일어나기도 싫었다. 처음에 가졌던 경영자나 사업가로서의 꿈은 이미 사라진 지 오래고, 지금은 전혀 일할 의욕을 느끼지 못하고 있다. 이런 갈등을 제프만 겪는 것은 아닐 것이다. 그 일은 전혀 장래성이 보이지 않는다. 그래서 그는 요즘 심한 무기력감과 싸우고 있다.

아트(Art)는 조그만 조경 회사를 운영하고 있는 사업가다. 수입은 별로 신통치 않은데다 경쟁업체들과의 과당경쟁으로 채산성도 악화되고 있다. 그는 벌써 커피를 석 잔이나 마시면서 생각하고 있다. "내가 이 일을 계속해야 하나?" 직원들을 교육시키고, 고객들을 만나고, 사소한 문제를 가지고 불평하는 도매상들의 비위를 맞춰야 하는 일상이 짜증스럽기만 하다. 자금도 넉넉한 편이 아니다. "쉬지 않고 일하는데, 왜 항상 자금이 부족할까?" 그는 절망과 좌절로 가슴이 답답할 지경이다.

자신이 하는 일이 아무런 비전과 전망이 없다고 생각해 본 적이 있는가? 이런 생각에 사로잡힐 때 사람들은 의기 소침해진다. 나도 이 경험을 한 적이 두어 번 있었다. 그리고 상담을 하면서 이런 사람들을 수없이 만났다.

벽에 부딪혔다면

다음과 같은 상황이라면 여러분은 뭔가 거대한 벽을 만난 것 같은 느낌이 들 것이다.

• 반복되는 일상에 지쳤을 때.
• 여러분이 원하는 직책이나 맡아야 할 직책에 소위 낙하산 인사에 의해서 기업주의 친인척이 기용될 때.

- 급여가 전혀 오르지 않거나 심지어 감봉을 당할 때.
- 승진에 누락될 때.
- 실직하거나 매주 10~20시간 이상 야근해야 할 때.
- 훈련이나 보직 등에 대한 약속이 지켜지지 않을 때.
- 가정의 경제적인 문제 때문에 사직하고 잠시 쉬고 싶어도 계속 다녀야 할 때.
- 자신이 하는 일이나 회사의 방침이 불법적이거나 정도에 벗어날 때 혹은 업무를 감당하기에 역부족이라고 느낄 때.
- 잦은 인사 이동이나 조직 개편으로 직장의 분위기가 대체로 안정되지 못할 때.

이와 같은 경우 마음속에 찾아오는 공허감 같은 감정을 제대로 다스리지 못하면, 나중에는 폭발 직전에 이르게 된다. 나도 삼십대 초반에 실제로 이런 심리 상태를 경험한 적이 있다. 당시엔 은행의 중간 관리자였는데 전혀 미래가 보이지 않았다. 그러자 상사에게 냉소적인 태도를 취하게 되었고, 일에 대한 집중력도 떨어졌으며, 나의 존재를 거대한 기계의 부속품처럼 생각하게 되었다. 부정적인 생각은 직장뿐 아니라 가정 생활에도 영향을 미쳤다. 출근할 것을 생각하니 아침 먹은 것도 소화가 되지 않았다. 이런 무기력증은 심리적인 면뿐 아니라 신체적인 건강에도 문제를 일으켰다.

무기력증과 냉소주의

생활용품 중개인으로 일하고 있는 매트(Matt)는 심한 스트레스에 시달리고 있었다. 그 이유는 자신보다 업무 능력이 뒤진다고 생각했던 후배가 자신보다 앞서 승진해 부서의 책임자가 되었기 때문이다. 게다가 부서장의 비서는 매트에 대해서 혹평을 하고 다닌다고 한다. 매트는 심한 갈등을 겪기 시작했고, 출근해서도 하루 종일 사무실에 틀어박힌 채 아무도 만나지 않고 혼자 있는 시간이 많아졌다. 이런 일은 매트에게만 일어나는 것이 아니다. 상당히 많은 직장인들이 일에 흥미를 잃고서도, 단지 의무감 때문에 억지로 일하면서 사람들을 만난다. 매트의 경우는 아예 업무를 전폐하고 있는 상태니 무기력증의 정도가 좀 심하다고 할 수 있다.

직장인들은 자신이 하는 일에 장래성이나 희망을 느끼지 못하게 되면, 일에 임하는 태도가 180도 변하게 된다. 물론 인사 담당자나 상사에게 강력히 항의하는 등 능동적이고 공격적으로 정면 돌파하는 사람들도 있지만 상당수는 상황을 외면하거나 도피적인 태도를 취하게 된다. 노동자든, 사업가든 좌절감에서 오는 무기력증과 냉소주의와 같은 상황을 누구나 한 번쯤은 경험했으리라고 생각한다.

무기력증은 심신이 제대로 움직여지지도 않고, 움직이고 싶어하지도 않는 증상이다. 마치 몸과 마음에 큰 납덩이를 달아놓은 것 같다. 이 상황은 일시적으로 끝나기도 하고, 깨어 있는 동안 계속되기도 한다. 제프와 아트와 매트는 모두 이런 무기력증에 빠져 있었다. 그들 중 이 상황에서 벗어나 보려고 능동적으로 노력해 본 사람은 아무도 없었다. 무기력증에 빠진 사람은 이렇게 말한다.

"일에 집중이 안 되는군. 예전처럼 활기찬 생활을 되찾고 싶지만, 어떻게 해야 할지 모르겠어."

일단 무기력증에 빠지면, 마치 뿌연 안개 속에 혼자 있는 것처럼 매사에 둔감해지고 마음이 잿빛으로 변한다. 무기력증은 아무런 예고도 없이 찾아와 의식 세계를 지배하고, 급기야는 여러분을 꽁꽁 묶어 버린다. 뭔가에 집중하는 것 자체가 고통스러워지고 희망이 보이지 않으며, 삶에 대한 불꽃같은 열정을 찾아볼 수 없게 된다. 무기력증은 누구에게도 예외가 없다. 인종이나 성별과는 관계없이 누구나 여기에 빠질 가능성이 있다. 노동자든 최고 경영자든 상관없다. 학력의 구분도 없다.

무기력증이 계속되면 얼마 지나지 않아 냉소주의로 발전한다. 곧 정열이나 감정도 없어지고 과거에는 상당히 흥미로웠고 자신을 흥분케 했던 것에도 아무런 느낌이나 감각을 느끼지 못하게 된다. 냉소주의에 빠진 사람들의 말과 생각을 한마디로 요약한다면 "될 대로 되라"이다. 이런 상황이 지속되면 육체적으로도 없던 병이 생겨나고, 의학적인 치료가 필요할 정도의 정신질환도 생겨날 수 있다. 그렇기 때문에 모든 병이 그렇듯이 무기력증과 냉소주의도 초기에 치료하는 것이 매우 중요하다.

무기력증의 사전 징후

아래에 나열되어 있는 무기력증의 징후들을 살펴보면서 자신에게 해당되는 것들이 있는지 점검해 보라.

- 생각이 잘 정리되지 않고, 계획성이 떨어지며, 창의적인 사고가 어려워지며, 어떤 일에 집중할 수 없다. 그리고 마음이 안정되지 않고 마치 꿈속에서 헤매는 것 같다.
- 일이나 대인 관계로 인해 좌절감에 빠진다.
- 정해진 시간 내에 주어진 업무를 끝내야 한다는 강박관념이나 업무량 과다로 인해서 영적, 정신적, 신체적 소진 상태를 느낀다.
- 자신도 모르는 사이에 같은 일을 반복하고 있다.
- 쉽게 감정이 폭발하며 다른 사람으로 인해 쉽게 괴로워한다.
- 분노와 고민으로 잠을 이루지 못한다.
- 직장을 떠나고 싶은 생각이 굴뚝같다. 동료들과 함께 식사를 하는 것은 물론 차를 같이 마시는 것도 내키지 않고 혼자 있고 싶다.
- 특정한 사람에 대한 미움이 생겨난다. 이런 미움은 언제 폭발할 지 모른다.
- 많은 결정들을 신중한 검토 없이 얼떨결에 내린다.
- 신체적인 상태도 좋지 않다. 우연한 사고도 자꾸 터진다.
- 질적인 면이나 양적인 면에서 일의 성취도가 크게 떨어진다.
- 업무의 생산성이나 성취도에 별 관심이 없다.
- 스스로에 대하여 부정적인 생각을 가지고 있다.

만일 위에 열거한 여러 가지 징후들이 두세 가지 이상 발견된다면, 여러분은 상당한 좌절감에 이미 빠져 있거나 조만간 빠져 들게 될 것이다. 그런데 이렇게 무기력증에 빠져서 매사가 소극적이고 능률이 오르지 않을 때 그리스도인일 경우 자신의 믿음이 어딘가 잘못되어 있다고 생각하게 되고, 이는 또 다른 정신적 혼란의 원인이 된다. 무기력증과 냉소주의는 여러분에게도 언제든지 찾아올 수 있다. 그렇기 때문에 주변의 누군가가 이로 인해서 힘들어할 때 절대로 비판하거나 판단해서는 안 된다. 만일 위의 징후들이 여러분에게서 발견된다면, 이것은 더 악화되지 않기 위하여 뭔가 해야 한다는 신호이다. 충분한 계획과 훈련, 그리고 하나님의 인도가 필요하다.

무기력증에서 벗어나기

직업의 장래성이 불투명하여 무기력증에 빠진 사람들을 수없이 만나면서, 이 문제를 해결할 수 있는 방법을 나름대로 연구해 왔다. 사람들은 누구나 하나님께서 자신의 미래를 열어 주시고 평탄케 해주시길 기도할 것이다. 잠언의 저자는 이렇게 말하고 있다. "너의 행사를 여호와께 맡기라 그리하면 너의 경영하는 것이 이루리라"(잠 16:3).

이는 곧 여러분의 일 가운데서 새로운 계획과 출발을 의미하는 약속이다.

아래의 문제들을 해결하면, 일의 장래성에 대한 절망감을 어느 정도 해소할 수 있으리라고 생각한다. 이 문제들 중에 여러분이 겪고 있는 것은 무엇인가? 그리고 얼마나 오랫동안 그 문제로 힘들어하고 있는가?

• 직업의 문제. 지금 하는 일과는 다른 어떤 일을 하고 싶어하는가? 아니면 교육이나 훈련의 기회가 있기를 바라는가?
• 일하면서 직면하는 갈등을 해결할 능력이 없는가?

- 대인 관계. 사람들과의 관계가 원만하지 않은가? 혹은 여러분의 부서 운영 방식이 호응을 얻지 못하고 있는가?
- 동기. 일에 최선을 다할 만한 동기를 전혀 느끼지 못하는가?
- 일의 목표나 매출 목표 달성에 실패하고 있는가?
- 개인적인 문제. 금전, 결혼, 자녀, 부모 등 가정이나 개인적인 문제로 고민하고 있는가?
- 신체적인 문제. 두통, 질병, 피부 알레르기, 운동 부족 등에 시달리고 있는가?
- 두려움. '정보화 시대의 도래' 등에 대한 두려움이 있는가?
- 하나님께로 더 가까이 가는 데 실패하고 있는가? 혹은 자신의 문제를 하나님께 맡기지 못하는가? 아니면 하나님이 여러분을 외면하거나 화가 나 있다고 생각하는가?
- 여러분에게 하나님께서 어떤 경고의 메시지를 주고 있다고 생각하는가?

이런 일들을 여러분이 겪고 있다면 시간을 충분하게 가지고 상황을 차분히 분석해 보라. 만일 이 문제를 해결하기 위해서 뭔가 하지 않는다면 병의 재발, 직장 생활의 장래성 결여, 실직 등 심각한 문제에 다다르게 될 것이다. 많은 사람들이 문제를 직시하고 해결하려고 노력하는 대신에 스스로 포기하거나 새로운 차를 구입한다거나 새 옷을 사 입고 기분을 전환한다거나 심지어 재혼을 하는 등 일시적인 미봉책으로 문제를 해결해 보려고 한다.

서론에서 친구인 척(Chuck)에 대해서 이야기한 적이 있다. 그는 내가 모든 것을 털어놓고 기도를 요청하는 친구이다. 그 밖에도 존

(John)이나 스파이크(Spike)도 삶과 기도를 나누는 친구이다. 이들은 모두 내 말을 들어주고 조언을 아끼지 않으며, 새로운 도전을 주는 귀중한 친구들이다. 그들은 항상 나를 위해 기도한다. 여러분의 말을 들어줄 수 있는 좋은 친구를 만나야 한다. 이는 직업에서 오는 좌절을 치유하는 데 많은 도움을 준다. 나를 찾아온 많은 이들 중에 마음을 터놓고 대화를 나눌 수 있는 친구가 한 사람 이상 있다고 대답한 사람들은 전체의 10퍼센트도 되지 않았다. 교회에서 이루어지는 남선교회 같은 집단적인 모임은 소중하기는 하지만, 이 문제의 해결에는 큰 도움이 안 된다. 뭔가를 솔직하게 털어놓기 위해서는 편안한 분위기가 필요하다. 그리고 편안한 느낌을 주기 위해서는 비밀이 보장되어야 한다.

상담할 때는 그 목적이 무엇인지를 항상 염두에 두고, 자신이 겪고 있는 문제를 자세하게 나눌 수 있어야 한다. 마음속에 품고 있는 생각을 입으로 이야기하는 것 자체로도 상당한 심리적 치유 효과가 있다. 마음속에 품은 생각을 말하지 않고 쌓아 둔다면, 여러분은 좌절과 실망과 분노에 희생될 수밖에 없을 것이다.

기혼자일 경우에 배우자는 훌륭한 상담자가 될 수 있다. 물론 어떤 사람들은 자신의 문제를 배우자에게 털어놓는다면 부부 관계가 파탄에 이를 것이라고 걱정하며 숨기는 사람도 있고, 반대로 배우자에게 모든 화풀이를 다하는 사람도 있다. 이 두 가지 경우는 모두 바람직하지 못하며 적절한 균형이 필요하다. 이를 위해서 간단하게 충고해 주고 싶은 것은 배우자에게 모든 것을 솔직히 털어놓되, 매일 같은 이야기를 반복함으로써 배우자에게 모든 짐을 전가해서는 안 된다는 것이다. 배우자에게 중요한 내용을 고백하되 전문 상담가들이나 친구들과의 대화를 통해서 풀 수 있는 부분도 남겨 둬야 한다. 어쨌든 자신의 생각과 문제를 해결해 나가는 과정을 배우자와 함께 하고, 중요한 결정을 내릴 때도 배우자와 상의하라. 배우자는 여러분이 거대한 벽에 가로막혀 절망하고 있음을 이미 알고 있다. 이때 앞에서도 얘기했듯이 모든 것을 배우자에게만 의존하지는 말라.

하나님과의 관계가 바로 서 있지 않다고 생각한다면, 지금이 관계를 새롭게 할 수 있는 기회의 순간이다. 여러분에게 필요한 모든 것을 하나님께 구하라. 그리고 자신을 올바로 바라볼 수 있게 해달라고 기도하라. 각 단계마다 무엇을 해야 할지 알려 달라고 기도하라. 다음과 같이 기도해 보라.

- 자신이 가지고 있는 것들에 대해 만족하며 매일 감사할 수 있도록.
- 의심과 이기적인 마음과 두려움을 솔직히 고백할 수 있도록.
- 대인 관계, 일에 대한 집중력 감퇴, 업무 성과, 향후 진로 등 특정한 문제에 대해서 구체적인 응답을 달라고.
- 성경을 읽으라. 특히 여호수아, 사사기, 마태복음, 야고보서 등 힘과 용기를 북돋울 수 있는 부분을 읽으라. 시편은 평화와 쉼을 주며, 절망과 번민의 감정을 표현할 수 있도록 도와줄 것이다.
- 자신이 무엇 때문에 절망하고 좌절하는지 정확히 알지 못한다면, 그것을 분명하게 드러내 달라고 하나님께 간구하라.

개인적인 고백을 하자면, 나는 시편의 말씀을 통해서 큰 위로를 받는다. "주의 나라는 영원한 나라이니 주의 통치는 대대에 이르리이다 여호와께서는 모든 넘어지는 자를 붙드시며 비굴한 자를 일으키시는 도다"(시 145:13~14).

▲▲▲

목표와 희망 사항

장래성이 전혀 없다고 느낄 때, 그 상태에서 벗어나기 위해서는 자신이 조절할 수 있는 부분과 조절할 수 없는 부분을 분명하게 판단할 수 있어야 한다. 사람들 중에는 직장의 상사와 상황들을 자기 마음대로 움직일 수 있다고 자신만만해하는 부류들이 있다. 이는 결코 바람직하지 못한 생각이다. 그런가 하면 어떤 사람들은 일 가운데서 만나는 장애물을 극복할 엄두를 전혀 못 내는 부류들도 있다. 이것도 심각한 문제다. 이 분야의 권위 있는 상담가인 래리 크랩(Larry Crabb)은 자신이 처한 상황을 균형 잡힌 시각으로 바라보는 것이 중요하다고 강조한다. 그렇게 하기 위해서는 목표와 희망 사항을 구분할 수 있어야 한다.

희망 사항이란 능력이나 현실적인 고려와는 무관하게 자신이 소망하고 있고, 이루어지길 바라는 가상의 상황이라고 정의할 수 있다.

"일 처리가 너무 산만해 부하를 혼란스럽게 하는 상사가 앞으로는 좀더 계획적으로 일하며, 결정이 자꾸 반복되지 않았으면 좋겠다." 이와 같은 생각을 마음속에 품고 있다 해도, 정작 이를 위해서 상사에게 어떤 영향을 미치는 것은 현실적으로 거의 불가능하다. 이런 단순한 희망 사항을 목표의 차원으로 승화시키려면, 이 상사의 업무 태도를 실제로 변화시킬 수 있으려면 생각을 행동으로 옮겨야 한다. 그러나 실제로 행동으로 옮겨서 그를 변화시키는 과정이 실패할 수도 있고 좌절을 경험할 수도 있다.

목표란 실제로 일어나기를 바라며 이를 위해서 현실적으로 뭔가를 할 수 있는 어떤 상황을 말한다. 그렇기 때문에 목표를 세웠다면, 당연히 이를 이루기 위한 단계적인 계획을 세우고 실행하고 평가해야 한다.

"언제 시간을 내서 상사를 만나 그가 좀더 책임감을 가지고 일하도록 건의하겠다. 그러나 그를 만나서 무슨 말을 어떻게 해야 할지 미리 충분히 생각하고 준비하겠다. 섣부르게 말했다가는 자칫 그의 자존심만 상하게 할 수도 있다." 이렇게 생각한다면, 여러분의 목표[2]는 그를 만나서 여러분이 원하는 바를 말하겠다는 것이다.

밥(Bob)은 소매상 관리자로 일하고 있다. 그런데 그는 이 일을 8년째 계속했다. 자신의 일을 매우 따분하고 권태롭게 생각하고 있던 차에, 회사에서 길 건너편에 또 하나의 상점을 열 것이라는 소문을 듣게 되었다. 그는 나를 찾아왔다.

"처음 몇 달 동안은 매우 설레었습니다. 4월경에는 새로 열리는 상점으로 자리를 옮겨야겠다고 생각했었죠. 그러나 새로운 자리로 옮기려면 결정권을 가진 윗분들이 저를 적임자로 생각하게끔 그들의 마음을 움직일 수 있어야만 합니다." 그의 희망 사항은 새로운 상점으로 자리를 옮기는 것이다. 이를 실현하기 위해서는 현실적으로 가능한 목표를 세워야 했다.

---

2) 결혼에 이 원칙을 적용하려면 로렌스 크랩 주니어(Lawrence Crabb, Jr.)가 쓴 『결혼 건축가 : 부부와 상담가들을 위한 청사진』(*The Marriage Builder: A Blueprint for Couples and Counselors*)(Grand Rapids, Mich.: Zondervan Publishing House, a Division of HarperCollins, 1992)을 보라.

- 상사와 인사 담당 부서의 관계자들에게 그가 새로운 자리로 옮기고 싶어한다는 사실을 알도록 해야 한다.
- 현재의 직책을 매우 훌륭하게 수행해야 한다.
- 상사들에게 새로운 직책을 제대로 수행할 수 있는 충분한 능력을 가진 적임자라는 사실을 충분히 인식시켜야 한다.

에릭(Eric)도 자신의 일에 아무런 비전이 없다고 느끼고 있다. 상사는 매우 비판적인 사고 방식의 소유자여서 그의 노력을 제대로 평가해 주지 않을뿐더러, 한직으로 좌천시키기까지 했다. 상사의 무감각과 불공평한 처우가 에릭의 무기력증과 좌절에 한몫한 것은 사실이다. 그렇다면 에릭의 희망 사항은 새로운 직책으로 옮기거나 새로운 상사를 만나는 것이다. 그래서 그는 다른 자리로 옮길 수 있도록 해달라고 기도했다. 반대로 그가 상사를 갈아치우기 위해 어떤 노력을 했다면, 그것이 성공했다 하더라고 두 사람의 관계는 돌이킬 수 없이 악화되었을 것이다.

희망 사항을 이루기 위해서는 목표 설정과 함께 구체적인 행동이 필요하다.

- 설사 상사가 전혀 마음에 들지 않는다 하더라도 그를 최대한 예우하라.
- 다른 사람 앞에서 그를 절대로 비판하지 말라.
- 그를 위해서 매일 기도하라.
- 그의 일을 평가하고 장점을 보도록 노력하라.

이와 같은 노력을 했다고 해서 사무실의 분위기가 바뀌지는 않았지만, 에릭은 이 원칙을 가지고 계속 행동했다. 그러자 그는 직장 생활에 새로운 활력이 생기는 것을 느끼게 되었으며, 9개월 정도가 지났을 때는 승진과 함께 새 부서에서 일하지 않겠느냐는 제안도 받았다. 물론 현재의 상사와는 자연스럽게 헤어지게 되었다. 에릭은 절망에서 벗어났을 뿐 아니라 하나님께서 자신에게 허락하신 은사를 새롭게 발견할 수 있었다.

직장에서 장래성이 보이지 않아 고민할 때는 이 상황을 극복하기 위해서 자신이 할 수 있는 일은 전혀 없는 것처럼 보인다. 그러나 무기력증에서 벗어나기 위해서는 다음과 같이 해야 한다.

- 자신이 희망하는 바를 기도로 하나님께 아뢰어야 한다. 여러분을 최선의 길로 인도하여 희망을 이룰 수 있도록 역사하실 기회를 그분께 드려야 한다.
"주여, 저에게 새로운 일자리를 허락하소서. 만일 제가 바라는 바와는 다른 어떤 계획이 있으시다면 저에게 보여 주소서."
- 주변의 믿을 만한 사람들에게 상황을 자세히 이야기하고 중보기도를 요청해야 한다.
- 행동에 옮길 만한 실현 가능성 있는 계획을 세워야 한다. 그리고 계획에 대한 성취도를 측정할 수 있도록 추상적이지 않은 매우 현실적인 세부 계획도 세워야 한다.
- 전문 상담가나 친구들에게 도움을 청하라.

희망 사항과 목표를 혼동하는 사람들도 원하는 바를 우연치 않게 이루기도 하지만, 자신이 해야 할 부분을 행동으로 옮기는 데 실패하는 경우가 많고 결과적으로 소화기 계통의 병을 앓거나 영적인 침체를 겪기도 한다. 정해진 목표를 성취하기 위해서는 적극적인 계획과 행동이 필요하다. 이를 위해서는 앞에서도 얘기했듯이 자신이 책임지고 해결해야 할 부분과 스스로 해결할 수 없어 전적으로 하나님께 맡겨야 할 부분을 구별하는 지혜가 필요하다.

행동에 옮기기

자, 이제 진단 결과 여러분이 심한 무기력증에 빠져 있다고 가정해 보자. 여러분은 스스로 뭔가를 해야 한다고 생각하고 있다. 그래서 이를 위해 자신이 해야 할 일이 무엇인지 열거한 목록까지도 작성했다. 그러나 막상 이것을 행동으로 옮기지 못하고 있다. '전망 없는 직업으로 인해서 생기는 우울증'의 문제를 해결하는 여러 가지 방법들 가운데 옳은 것과 잘못된 것들을 아래에 도식화하여 정리해 보았다.

잘못된 경우

확신 → 행동 → 결과.

이는 자신의 계획이 옳다는 확신이 설 때까지 행동에 옮기지 못하는 경우이다. 이런 경우라면 여러분은 아마도 이렇게 얘기할 것이다.

• "좀더 확신이 선 후 행동에 옮기겠다."

- "활력을 되찾은 뒤에 믿을 만한 친구를 만나서 기도를 부탁하겠다."
- "조금만 더 원기를 회복한 후 행동에 옮기겠다."

만일 이와 같다면, 불행하게도 여러분은 어떤 생각도 행동으로 구체화시키지 못하게 된다. 그렇기 때문에 무기력증은 지속될 수밖에 없다. 이렇게 시간이 어느 정도 흐르게 되면 여러분은 뭔가 변화가 생기기를, 혹은 누군가 이 상황을 바꾸어 주기만을 기다리게 된다. 그러다가 결국은 하나님께 매달리거나 아무런 해결도 하지 못한 채 낙심하게 된다.

또 다른 방법

행동 → 결과 → 확신.

먼저 스스로 계획한 것을 행동에 옮긴다면, 목적한 바를 성취하는 결과를 체험하게 되어 용기와 희망을 얻고 삶뿐 아니라 특별히 직장 속에서 하나님의 역사하심을 느낄 수 있다.

자신의 계획에 확신이 서지 않을 때는 다음과 같은 행동을 취해야 한다.

- 해야 할 일의 우선 순위를 정하고, 중요한 것부터 먼저 행동에 옮기라. 각 항목에 대해서 목표와 기한을 정하라.
- 마음이 아무리 쓸쓸하더라도 긍정적인 눈으로 바라보라. 긍정적인 영적 상태와 삶에 대한 태도를 갖기 위해서는 상황을 가능한 한 넓은 시야로 바라볼 수 있어야 한다.

- 일의 생산성과 효율성을 재고하라. 일의 질을 매일 향상시켜 나가라.
- 마음의 벽을 헐고 동료들이나 친구들과의 교제를 두려워하지 말라.
- 현재 겪고 있는 갈등을 해소하기 위해 노력하라. 필요하다면 갈등의 원인이 되는 사람을 직접 만나라. 다만 그에게 공격적인 태도를 취하지 않도록 주의하라. 아무리 노력해도 그들을 원하는 대로 변화시킬 수는 없다.
- 믿을 만한 친구나 영적인 상담이 가능한 사람을 만나 함께 기도하라.
- 현재의 직책과 직장에 만족하지 못한다면, 자신이 정말 하고 싶은 일이 무엇인지 구체적으로 생각해 보라.
- 기도 노트를 만들어서 기도한 내용과 결과를 정리해 보라. 하나님께서 어떻게 도와주셨는지를 적어 보라.

이 방법이 모든 사람들에게 완벽하게 적용되리라고는 생각하지 않는다. 그러나 나를 포함한 많은 사람들이 이것을 실제로 삶에 적용하여 무기력증에서 탈출할 수 있었다. 물론 자신이 처한 현실에 맞게 약간의 변화를 줄 수 있을 것이다.

▲▲▲

터널 끝에 보이는 한줄기 빛

30대 중반의 래리(Larry)는 기계 공구점의 책임자다. 최근 그는 일에 대한 의욕이 급격히 감퇴하고 심신이 지친 느낌을 받고 있다. 직장 생활이란 그야말로 마지못해 하루하루 때우는데 불과하다. 가정 생활에도 권태감을 느껴 거의 모든 시간을 인터넷을 뒤적거리거나 TV를 시청하며 보내고 있었다. 래리는 처음 나를 찾아왔을 때 미래에 대한 희망이 없어 보였고 심한 내적 갈등으로 지쳐 있었다.

우리는 함께 직장과 삶의 현실을 면밀하게 검토해 보았다. 그는 하나님이 뭔가 더 좋은 것을 주실 때까지 자신이 처한 상황하에서 최선을 다하기로 결단하였다. 자신의 일에 능력이 허락하는 한 최선을 다하기 시작했다. 그리고 동료들과도 마음을 열고 교제하기 시작했다. 하나님께 새로운 변화를 허락해 달라는 기도와 함께 현재의 상황을 인내할 수 있도록 간구했다. 그리고 영적인 상담이 가능한 사람과 멘토링을 하면서 자신의 계획을 이야기하고 함께 기도하기도 했다.

몇 달 뒤 상급자는 그의 긍정적인 태도와 탁월한 업무 수행 능력을 높이 평가하며 조만간 승진할 것이라는 언질을 주었다. 똑같은 자세를 교회의 직분 등 직장이 아닌 다른 삶의 영역에도 적용시켰다. 몇 차례의 사내 면접 절차를 거쳐 그는 다른 직책에서 근무할 수 있게 되었다. 게다가 다른 부서로 떠나면서 몇몇 간부들을 상대로 자신의 체험을 간증할 수 있는 기회도 얻을 수 있었다.

래리의 경우에서 보듯이 직장 생활이 막다른 골목에 몰린 듯한 느낌이 들 때, 여기서 벗어나는 최선의 방법은 자신의 태도를 바꾸는 것이다. 거기에 주변 여건까지도 바람직한 방향으로 변한다면 금상첨화일 것이다. 그러나 앞에서도 말했듯이 무기력증에서 자신을 구해 내는 가장 중요한 관건은 자신을 변화시키는 것임을 명심하기 바란다.

이 문제에 대해 척 스윈돌(Chuck Swindoll)은 우리에게 다음과 같은 지혜를 주고 있다.

"나이가 들면 들수록, 삶의 태도가 우리의 삶에 얼마나 큰 영향을 주는지 절감하게 된다. 나는 겉으로 드러나는 삶의 모습보다 삶을 대하는 태도가 훨씬 중요하다고 느끼고 있다. 과거의 모습, 교육, 돈, 환경, 실패, 성공, 다른 사람의 말과 생각과 행동 등 그 어느 것도 삶에 임하는 태도보다 더 중요하지는 않다. 이는 외모와 은사 그리고 기술보다도 더 중요하다. 어떤 태도로 삶과 일에 임하느냐에 따라 회사와 가정과 교회가 바로 서기도 하고 무너지기도 한다. 중요한 것은 우리의 태도에 따라 그날 하루가 나의 것이 될 수도 있고 영원히 놓칠 수도 있다는 것이다. 우리는 아무리 노력해도 과거를 바꿀 수 없다. 그리고 다른 사람이 내가 원하는 대로 행동하도록 바꿀 수 없다. 또 살아가다 보면 스스로의 힘으로는 도저히 어쩔 수 없는 경우도 있다. 유일하게 뜻대로 바꿀 수 있는 것은 나의 태도뿐이다. …내 생각으로는 우리의 삶 가운데 우연이 차지하는 비중은 10퍼센트 미만이며, 나머지 90퍼센트 이상은 나의 삶에 대한 태도와 상황에 대한 반응에 따라 결정된다. 이는 당신의 경우도 마찬가지일 것이다. …그리고 우리의 태도에 대한 책임은 우리에게 있다."[3]

만일 직장 생활에서 막다른 골목에 다다른 느낌이 든다면, 무기력증에 걸려 심신이 마비된 것 같은 느낌이 든다면 우선 이것이 치유 불가능한 일이 아니라는 사실을 명심하기 바란다. 그리고 자기 연민으로 해결될 일도 아니라는 것을 명심하기 바란다. 하나님 앞에 겸손한 마음으로 무릎을 꿇고 기도해야 한다. "하나님, 이 일을 제 스스로는 해결할 수 없나이다. 앞길을 인도하소서."

---

3) 척 스윈돌(Chuck Swindoll)의 『당신의 매력을 높이는 법』(Strengthening Your Grip)(Waco, Tex.: Word Books, 1982) 206쪽을 보라.

자신의 태도를 바꿔라. 그리고 하나님을 신뢰하고 행동에 옮기라. 그리고 하나님께서 여러분을 도울 때 삶과 일에 어떤 변화가 일어나는지 스스로 살펴보라.

 **함께 이야기합시다**

1 직장 생활에서 미래가 전혀 보이지 않는가?

2 무기력증이나 냉소적인 태도의 징후가 발견되고 있지는 않는가? 이 두 가지 중에 어떤 것이 발견되는가?

3 구체적으로 행동에 옮기기 위해 어떤 계획을 세워 놓았는가?

갈등 *3*

사표를 내버릴까?

제이크(Jake)가 나를 찾아왔을 때, 그의 나이는 서른한 살이었다. 당시 그는 절망적인 상황이었다. 한때 목회자가 되고 싶어했고, 실제로 어느 명문 신학교에서 석사학위를 받기도 했다. 그러나 학창 시절에 부업 삼아 전국적인 택배회사에서 일한 것이 계기가 되어, 지금은 연간 3만6천 달러를 버는 직장인이 되었다. 당시에 그는 두 아이의 아버지였고, 재정적으로는 주택 자금과 학창 시절에 대부 받은 학자금을 갚을 돈이 남아 있었다. 그가 절망하게 된 가장 큰 원인은 자신이 하고 있는 일에 대해서 전혀 애착을 느끼지 못한다는 것이었다. 그러나 과거에 꿈꾸었던 목회자의 길을 다시 걷자니, 이는 급격한 수입 감소를 의미하는 동시에 전업 주부인 아내까지 노동 전선에 내몰아야 함을 의미했다. 제이크는 이렇게 하지도 저렇게 하지도 못하고 있었다.

'정신적인 만족'과 '의미 있는 삶'을 위해 직장을 그만두어야 하는가? 아니면 가정의 안정을 위해서 참고 살아야 하는가? 전임 목회자가 되지 않더라도 다른 방법으로 하나님을 섬길 수 있을 것이다. 과연 어떤 것이 올바른 선택인가? 현재의 직장에서 만족을 찾으려고 노력하는 것과 새로운 만족을 찾아서 직장을 떠나는 것 중에서 어떤 길이 현명한 선택인가?

제이크 말고 이와 비슷한 갈등을 겪는 사람들을 나는 수없이 만나왔다. 어쩌면 정도의 차이는 있을지언정 누구나 비슷한 갈등을 겪고 있는지 모른다. 그들은 자신의 직업과 직장에 환멸을 느끼고 있었다. 그리고 그들은 언제든지 직장을 떠나고 싶다는 마음이 굴뚝같았다. 지금의 직장과 환경에서 벗어날 수 있다면, 어디든지 가서 무슨 일이든지 할 수 있을 것만 같았다.

여러분은 현재 하고 있는 일과 직책에 만족하는가? 어쩌면 지금 여러분도 내심 직장을 떠나고 싶어하는지 모르겠다. 그 이유는 직장에서 능력만큼 대우를 받지 못하기 때문일 수도 있고, 더 좋아 보이는 다른 일을 하고 싶어서일 수도 있다. 어쨌든 직업을 바꾸고 직장을 옮겼을 때 바라던 대로 큰 만족을 얻을 수도 있지만, 더 큰 좌절을 겪을 가능성도 엄연히 존재한다는 사실을 명심해야 한다.

▲▲▲

지금이 사표를 낼 적기인가?

〈피곤한 도시인들〉(*City Slickers*)이라는 영화를 보면 주인공인 빌리 크리스탈(Billy Crystal)은 나이가 점점 들어가는데, 미래에 대한 확실한 보장이 없다는 사실 때문에 우울해한다. 그리고 이미 지나가

버린 여러 차례의 좋은 기회를 아쉬워한다. 그러고 보니 머리도 점점 벗겨져 대머리가 되어가고 있다. 그가 겪고 있는 갈등은 현대 서구 사회의 서민들이라면 누구나 공감하는 것이다.

직업을 바꾸려는 충동은 다양한 연령 대에서 나타나며 그 원인도 여러 가지이다. 그러나 통계에 따르면, 32세에서 42세 사이의 연령 대에 속한 사람들이 직업에 대한 갈등을 가장 심각하게 겪고 있는 것으로 나타나고 있다. 이처럼 이들이 영화 속의 빌리 크리스탈 같은 좌절을 겪는 현상을 어떤 이는 '중년의 위기'라고 부르기도 하고 '혼돈의 세대'라고 부르기도 한다. 많은 사람들은 인생이란 지겨운 것이며, 아무런 재미나 보람이 없다고 생각한다. 그리고 이런 인생을 반전시킬 수 있는 기회를 여러 차례 놓쳐 버렸으며, 앞으로 다시는 새로운 기회가 주어지지 않을 것이라고 생각한다. 그들 중 일부는 과감한 결단으로 새로운 변신을 꾀하지만 대다수는 변화를 두려워하고 있다.

현재의 직업을 진단하라

현재의 직장과 직업에 대해서 냉정하게 판단해 보자. 자신이 정말 새로운 도약을 할 준비가 되어 있는가? 그에 따르는 급격한 변화를 수용할 준비는 되어 있는가? 사직서를 내기 전에 반드시 현재 자신의 직업과 직장에 대한 생각을 냉정하게 정리해 봐야 한다.

여기서 유대인들에 관한 성경의 예화를 한번 살펴보기로 하자. 이 예화를 읽으며 여러분이 애굽에 있는지, 사막에 있는지, 아니면 약속의 땅에 있는지 가늠해 보라.

애굽

유대인들은 애굽의 압제하에서 종살이로 고생하고 있었다. 그들은 자신들에게 매우 적대적인 환경 속에서 살아가고 있었으며, 자신들이 고생한 것에 대한 보상이나 대가를 전혀 받지 못했다. 애굽인들은 그들을 심하게 압제할 뿐 아니라 매우 적대적이었으며 잠시 동안의 휴식도 허락하지 않았다. 그들의 마음속에는 할 수만 있다면 애굽에서 탈출하고 싶은 생각뿐이었다. 비록 유대인들은 알지 못했지만 하나님은 그들에 대한 계획을 가지고 계셨다. 하나님은 그들이 풍부한 재물을 지닌 채 영광스러운 모습으로 애굽을 떠나게 하려는 계획을 가지고 계셨으며, 이를 통해서 홀로 영광 받으시기를 원하셨다.

앤드류(Andrew)는 세일즈맨이다. 이미 두 차례나 직장을 옮겼는데, 이직은 다분히 충동적인 결정이었다. 첫 직장에 대해서 전혀 만족을 느끼지 못했으며, 9개월을 채우지 못하고 직장을 옮겼다. 현재의 직장에서도 별반 만족을 느끼지 못하고 있다. 그렇다고 해서 다른 계획이 있는 것은 아니었고, 새로운 변화를 위해서 기도하지도 않고 있었다. 그가 직장을 옮긴 것은 현실에서 벗어나고자 하는 충동 때문이었다. 그러나 그는 새 직장에서 더 큰 갈등을 만났으며 자신이 매우 불운하다고 생각하였다. 지금은 큰 절망에 빠져 영적으로 애굽에서 살아가고 있다.

자신이 직장에서 뭔가 암초에 걸렸다고 생각될 때나 삶의 의욕 자체를 상실했을 때에 하나님은 이미 새로운 탈출 계획을 준비하고 계신다. 그 계획은 매우 정교하며, 그 탈출은 하나님이 보시기에 가장 적절한 시기에 이루어진다. 문제는 하나님께서 생각하시는 가장 적절한 시간이 우리가 원하는 시간과 반드시 일치하지는 않는다는 점이다. 하나님은 우리에게 정말 좋은 직장을 허락하실 것이다. 다만 그분은 우리가 현재의 상황을 통해 좀더 인내하는 법을 배우시길 바라는 마음으로 계획의 실행을 잠시 늦추시고 있을 뿐이다. 하나님의 분명한 계획을 신뢰할 때 갈등 가운데서도 좀더 평안해질 수 있다.

사막

모세는 유대인들을 이끌고 약속의 땅을 향해 떠났다. 낮에는 구름기둥을 향하여, 밤에는 불기둥을 향하여 그들은 매일 쉬지 않고 걸었다. 하나님은 그들에게 충분한 의복과 잠자리와 만나를 공급해 주셨다. 이 광야의 여행을 통해서 하나님은 백성들의 믿음과 복종을 요구하셨다. 하나님은 그들이 그분의 구체적인 계획과 예비하신 목적지를 정확히 알지 못하는 상황에서도 전적으로 자신을 신뢰하길 원하셨다.

토저(A. W. Tozer)는 "믿음이란 하나님이 우리를 인도하시고 우리의 필요를 공급하시는 유일하고 진실한 원천이라는 사실을 인정하는 것"이라고 정의했다. 직장이라는 사막에서 헤맬 때 우리는 자신을 전적으로 하나님께 드리고 믿음 안에 거하며 복종할 수 있어야 한다.

하나님은 경우에 따라서 의도적으로 여러분을 '사막' 같은 곳으로 몰아넣기도 한다. 이는 약속의 땅처럼 만족스럽지도 않고, 그렇다고 해서 애굽처럼 참담하지도 않은 직장을 허락하심을 의미한다. 나는 이런 직장을 '만나'라고 부른다. 이곳은 크게 만족을 주지는 않지만, 기본적인 필요를 채워 주는 직장이다. 아래의 내용들을 자신에게 적용시켜 보면 자신의 직장이 '만나' 직장인지, 아닌지를 알 수 있을 것이다.

- 일이 재미있지만 그렇다고 해서 일에 대한 열정이 일어나지는 않는다. 사실 같은 일이 주기적으로 반복되어 따분하다(그곳에 있으니 그 일을 할 뿐이다).
- 자신이 정말 하고 싶은 일은 따로 있다. 그러나 교육이나 경험이 부족해 아직은 그 일을 맡을 수도 없고 맡겨 주지도 않는다.
- 미래에는 많은 돈을 벌고 싶다(자녀의 대학 학자금도 미리 준비해야 하고 노후도 대비해야 한다). 그러나 현재의 직장 여건으로 볼 때, 이는 한낱 꿈에 불과하다(그렇기 때문에 좋은 기회만 허락된다면 언제든지 이 직장을 떠날 수 있다).
- 현재의 직장과 일은 미래에 더 좋은 직장과 이상적인 직업을 갖기 위한 훈련 과정일 뿐이다.
- 지금 하는 일에 크게 만족하고 있는 것은 아니지만, 돈을 넉넉하게 벌 수 있으므로 직장을 옮길 생각은 없다.

나도 현재 하고 있는 일을 시작하기 전에 '만나' 직장에서 일했다. 그리고 컨설팅 업무는 해볼 만한 일이기는 하지만, 늘 같은 일이 반복되기 때문에 좀 따분한 면도 있었다. 또 앞에서도 말했듯이 나는 상담 업무와 목회를 병행하고 싶었다. 그래서 마지막 두 해 동안은 나를 고용하고 있는 분에게 누가 되지 않는 선에서 업무를 수행하고,

나머지 시간은 창업을 준비하며 그 일에 필요한 정보를 수집하는 데할애했고, 한편으로는 창업에 필요한 자금을 모으기 위하여 불필요한 지출을 없앴다. 그러면서 직장을 사직하고 창업할 가장 적절한 시기를 인도해 달라고 기도했다.

결과적으로 중요한 것은 현실을 대하는 태도라고 할 수 있다. 어떤 시각으로 바라보는가에 따라서 현실은 아무 전망 없는 황량한 사막이 될 수 있다. 많은 좌절의 눈물을 흘릴지 모른다. 그러나 하나님의 관점에서 현실을 인식한다면, 사막은 미리 앞을 내다보고 준비할 수 있는 귀중한 장소이다. 하나님이 '만나' 직장을 허락하신 것은 우리로 하여금 그분께 복종케 하시고, 필요를 채워 주시고, 미래를 위해 필요한 지식을 습득하며 재충전하고, 미래의 성공을 위하여 잘못된 습관을 미리 고칠 수 있는 기회를 주시기 위함이다.

이와 같은 '만나' 직장에서 일해 본 적이 있는가? 아니면 지금의 직장이 '만나' 직장인가? 만일 그렇다면 하나님께서 여러분에게 '만나' 직장을 허락하신 것을 감사하고 있는가? 아니면 스스로에게 연민을 느끼며 불평하고 울부짖고 한숨만 쉬고 있는가? 쌓인 스트레스를 술로 풀면서 여기서 벗어나는 길은 직장을 탈출하는 것뿐이라고 생각하고 있는가? 약속의 땅 같은 직장으로 향하는 길을 찾는 유일한 방법은 현실을 대하는 잘못된 태도를 버리는 것이다. 다시 말하자면 현재의 삶과 일에 대하여 많은 기대와 감사를 품으면 품을수록 약속의 땅과 같은 직장을 찾을 가능성은 그만큼 높아진다.

태도는 문제 해결을 위한 가장 중요하고도 유일한 요소이다. 빌립보서 4장 6절을 통해서 하나님은 이렇게 말씀하신다. "아무 것도 염려하지 말고 오직 모든 일에 기도와 간구로 너희 구할 것을 감사함으로 하나님께 아뢰라."

자신이 애굽이나 사막에 있다고 생각한다면, 아래의 내용을 실천에 옮기기 바란다.

- 하나님께서 허락하고 공급해 주신 모든 것에 대해서 매일 감사하라. 갖지 못한 것에 초점을 맞추지 말라. 매일 하나님의 말씀을 읽고 묵상하며 배우자와 함께, 다른 사람들과 함께 기도하라.
- 새로운 도약을 감당할 수 있도록 자신을 온전케 하기 위하여 단점을 드러내 달라고 기도하라. 정직하게 모든 것을 털어놓고 애기할 수 있는 사람이 주변에 있다면, 그가 여러분의 단점을 솔직히 지적해 줄 수 있을 것이다. 그리고 그 단점을 고치기 위해서 노력하라.
- 청지기적인 사명으로 직장 생활에 임하라. 자신에게 주어진 업무를 훌륭하게 수행하고, 항상 긍정적인 태도를 가짐으로써 하나님의 사랑과 공의를 드러내라. 그리고 현재의 체험이 미래에 언젠가 요긴하게 쓰일 것을 믿으며 감사하라.
- 새로운 직장을 구하기 위해 노력하라. 이 문제로 취업 컨설턴트와 상담해도 좋다. 그리고 자신에게 맞는 가장 이상적인 직업이 무엇인지 생각해 보라.

빌(Bill)은 20년 이상 전기 기사로 일했으며 고액 연봉을 받고 있었다. 그러나 육체적으로 심한 노동을 해야 하는 일이라 최근에는 척추에 통증을 느끼고 있어 그만둘 생각을 하고 있다. 말하자면 그는 애굽과 사막의 중간에 있는 셈이다. 아내는 무엇보다 남편의 건강을 염려하고 있기 때문에 사직에 전혀 반대하지 않는 입장이었다. 빌은 직장을 그만두면 조그만 컴퓨터 부품점을 개업할 생각을 하고 있었다. 그가 나를 찾아왔을 때는 사표를 던지기 직전이었지만, 여전히 마음 한편으로는 주저하고 있었다. 그 이유는 창업하기에 자금이 그리 넉넉한 편이 아니었을 뿐 아니라 컴퓨터 부품점을 운영할 만큼 컴퓨터에 대해서 많이 알고 있는지에 대한 확신이 없기 때문이었다.

그에게 이렇게 조언해 주었다. 힘들더라도 현재의 직장에서 몇 년 더 근무하면서 충분한 자금을 모으라. 그리고 2년제 전문대학에 등록해 경영과 사업과 컴퓨터에 대한 것을 공부하라.

빌은 이 제안을 받아들여 퇴직을 보류했다. 그리고 몇 년 뒤에 성공적으로 창업할 수 있었다. 그는 현실을 긍정적으로 보며 감사할 줄 알며, 자신의 문제를 놓고 기도할 줄 아는 사람이었다. 그리고 적절한 시간과 기회를 기다릴 줄 아는 성숙한 사람이었다.

약속의 땅

자신의 일을 즐거워하며 일에 열정을 가지고 있을 뿐 아니라, 자신이 하는 일에 스스로 의미를 부여하는 사람은 '약속의 땅'과 같은 직장에서 일하는 사람이다. 약속의 땅과 같은 직장에는 문제와 절망이 전혀 없을까? 설대로 그렇지 않다. 그러나 그곳에는 다음과 같은 체험이 있다.

• 일에 대한 열정을 느낀다.
• 일에 대해서 성실할 뿐만 아니라 필요한 것을 배우는 데 열심이

고 대인 관계도 원만하다.
- 자신의 일에 충분한 의미를 부여하고 있다.
- 하나님의 임재를 느끼며 그분의 뜻을 분별한다.

▲▲▲

직장을 그만두려고 한다면

갈등 속에서 직장을 떠나고 싶어서 찾아온 사람들에게 내가 가장 먼저 던지는 질문은 이것이다. "당신은 현실에서 탈출하고 싶은 것입니까? 아니면 새로운 기회를 찾고 싶은 것입니까?"

자신의 일과 관련된 변화를 모색하는 사람은 스스로에게 다음과 같이 자문해 봐야 할 것이다.

- 나는 탈출을 원하는가?
- 나는 변화를 두려워하는가?
- 나는 새로운 기회를 찾고 있는가?

직장에서 탈출하기

상당히 많은 사람들은 단지 현실에서 벗어나기 위해서 직장을 떠나는데, 이것은 결코 바람직하지 않다. 만일 여러분이 직장을 떠나려는 이유가 아래의 세 가지 이유 가운데 해당된다면, 직장을 떠나기 전에 이 문제를 전문적으로 상담하는 상담가를 찾아가서 현재의 직장에 계속 남아서 문제 해결을 모색하는 것과 직장을 떠나는 것 중에 어느 길이 바람직한지를 신중히 검토해 볼 필요가 있다. 나 자신의 경험을 통해서 감히 말할 수 있는 것은, 단지 현실에서 탈출하기 위해 직장을 떠난다면 새 직장에서도 똑같은 상황에 다시 직면하게 된다.

첫째는 갈등이다. 샘(Sam)은 나에게 불평을 털어놓았다. "직장이 진절머리가 나요. 모두가 마음에 안 들어요. 상사는 멍청하기 짝이 없고, 다들 게을러 빠졌죠. 게다가 말도 안 되는 결정과 정책에 일일이 대항하고 반박하기도 지쳤어요. 거기서 제대로 일하는 사람은 아마 나밖에 없을 거예요."

샘의 말이 틀리지는 않을 것이다. 그러나 샘에게 전혀 문제가 없는 것은 아니다. 그가 겪는 갈등의 주원인은 주변의 문제가 아닌 잘못된 우월감이다. 설사 그것이 주원인은 아닐지라도 갈등을 악화시키는데 분명히 한몫했을 것이다. 그는 일종의 '희생자 콤플렉스'를 가지고 있으며, 사람들 모두 자신과는 수준 차이가 난다고 생각했다.

만일 여러분이 늘 다른 동료들과 마찰을 빚고 있다면, 절친한 동료들이나 개인적으로 신뢰할 수 있는 직장 상사나 직장 사역 전문가들과 함께 상황을 분석하고 그 마찰과 갈등의 원인이 전적으로 주변 사람들의 탓인지, 아니면 나에게 잘못이 있는 것인지 진지하게 생각해 봐야 한다. 전문가들은 간단한 테스트 등을 통해서 여러분의 행동 습관을 분석할 수 있다. 그들과 상담하면 어떤 점이 동료들과의 갈등의 원인으로 작용하고 있는지 알 수 있을 것이다. 다른 사람들과 어떻게 하면 원만하게 어울릴 수 있으며, 그들의 행동을 포용하고 용납할 수 있는지 배우는 것은 매우 중요하다.

반면에 실제로 동료들끼리 매우 적대적이고 폐쇄적이며, 서로서로 보이지 않는 벽이 존재할 수 있다. 그런 직장에서는 사람들 사이의 갈등은 늘 발생한다. 그러나 아무리 직장 분위기가 그렇다 하더라도 그것이 반드시 직장을 떠나야 하는 구실이나 이유가 될 수 없다. 오히려 이것을 슬기롭게 극복해 가는 과정을 통해서 자신의 인격이 성장할 수 있는 좋은 기회가 될 수도 있다. 어떻게 하면 갈등을 최소화할 수 있으며 문제를 근본적으로 해결할 수 있을지 고민하면서, 스스로가 성숙해 가고 있음을 발견하게 될 것이다. 그렇기 때문에 성급하게 직장을 그만두기 전에 스스로 그 갈등을 해결해 보려는 노력을 하는 일은 문제를 대하는 매우 성숙한 자세이다. 왜냐하면 서로 다른 인격과 배경을 가진 사람들이 모여 사는 곳에서 어느 정도의 갈등은 항상 존재하기 마련이다.

둘째는 경쟁이다. 하워드(Howard)는 세일즈맨이었다. 불행하게도 그는 영업이 적성에 전혀 맞지 않는다고 생각했다. 그는 이미 여러 차례 직장을 옮겼다. 이직할 때마다 그는 이번 직장에서는 잘 적응해서 오랫동안 근무해 보리라 다짐하곤 했었다. 그뿐 아니라 많은 사람들이 현재의 직장에서 일을 만족스럽게 해내지 못했다는 사실로 인해 고민하다가 직장을 옮기곤 한다. 그들에게는 좀더 많은 교육과 훈련과 경험이 필요할지 모른다. 그러나 회사의 여건상 직원들에게 충분한 교육의 기회를 제공해 주지 못하는 것이 오늘날 대부분의 기업이 처한 현실이다. 그리고 직장 상사들이 우리가 무엇이 부족하고 무엇이 필요한지를 일일이 알아서 챙겨 주리라고 기대할 수도 없다.

현재의 직장을 떠나 새로운 곳에서 '새 출발'을 하고 싶은 마음이 있다면, 혹시 자신이 동료들과의 경쟁에서 이길 자신이 없어서 현실에서 도피하고 싶은 마음이 있는 것은 아닌지 곰곰이 생각해 볼 필요가 있다. 사직서를 제출하기 전에 아래의 세 가지를 실천에 옮겨라.

- 자신의 지식과 업무 능력을 점검하라. 혹시 자신에게 실무적인 교육, 경험, 연습이 필요하다고 생각하지 않는가?
- 자신의 업무 지식과 능력 수준을 객관적으로 평가해 줄 수 있는 사람을 회사 안에서나 동종 업계에서 찾아보라. 그에게 마음을 열어 상담하고 가능하다면 과외 시간에 그의 지도를 받을 수 있도록 부탁해 보라.
- 직속 상관에게 어떤 기술을 더 향상시키고 어떤 부분이 부족하며 무엇을 공부해야 되는지 물어 보라. 그리고 그의 조언을 받아들여 실천하라.

셋째는 혼란이다. 때때로 나는 현대 기술이 너무 급속히 발전해 우리의 삶을 정신차릴 수 없을 정도로 빠르게 바꾸어 놓는 것을 보며 현기증을 느끼곤 한다. 그런 느낌을 받은 적이 없는가?

내가 만난 사람들 가운데 상당히 많은 이들이 세상의 급변하는 모습을 따라잡지 못해서 심한 좌절감을 느꼈다. 어떤 이들은 좌절의 차원을 넘어 분노하고 있었다. 그럴 때마다 그들은 직장을 옮기고 싶은 충동을 느끼며, 어떤 직장이라도 지금의 직장보다 나을 것 같은 착각에 빠지게 된다.

그러나 그럴수록 목표를 분명하게 세우기 전에는 그 자리에서 움직이지 않는 것이 지혜롭다. 앞에서도 말했시만 스스로 느끼는 혼란과 분노를 이기지 못해 충동적으로 직장을 옮기는 행위는, 결국 새로운 직장으로 현재 겪고 있는 문제들을 고스란히 옮기는 실수를 범하는 것이다. 어쨌든 급격한 사회의 변화에 적응하지 못해 고민하고 있다면, 직장을 옮기는 것보다는 새로운 환경에 적응할 수 있도록 도와

주는 교육 프로그램 등에 참여하는 것이 바람직하다.

장기 근속이나 승진 적체로 인해 타성에 젖어 듦

여러 가지 이유로 한자리에 오래 머물러 있으면서 갈등하는 사람들을 많이 보았다. 어떤 이들은 업무 능률이 저하되고 있음을 느꼈고, 어떤 이들은 지겨움을 느끼고 있었으며, 또 어떤 이들은 알 수 없는 좌절감을 느끼고 있었다. 사람들이 한자리에 너무 오래 머무르는 이유는 대개 다음과 같다.

첫째는 현실에 안주하기 때문이다. 직장인들 중에는 그저 시간이나 때우고 월급 봉투를 꼬박꼬박 챙기는 것으로 만족하는 소극적인 사람들이 있다. 그 상황이 오래 계속되면, 결국 해고되거나 강등되거나 좌천당하게 된다. 이런 타성에서 벗어나기 위해서는 의외로 과감한 결단과 용기가 필요하다.

최근 어느 사업가의 아내로부터 전화를 받은 일이 있다. 그녀는 말했다.

"남편은 14년째 주택 재건축업을 하고 있습니다. 지금 우리 가정은 경제적으로 넉넉지 못할뿐더러 부부 관계도 좋지 않습니다. 남편은 돈도 벌지 못하지만, 딱히 달리 할 수 있는 일도 없는 형편입니다. 우리는 매달 돈 때문에 고민해야 하지요. 이 문제를 어떻게 해결해야 할까요?"

남편인 프레드(Fred)를 만나 대화를 나누면서 그가 상당한 포부를 가지고 그 일을 시작했다는 사실을 알게 되었다. 그러나 그 꿈은 이미 사라진 지 오래이며, 지금은 새로운 일거리가 생긴다면 현재 하고 있는 일을 집어치우고 싶어했다. 그러면서 처음에 품었던 꿈에 대한 미련 때문에 쉽게 그 일을 그만두지도 못하고 있었다. 문제는 그의 꿈이 한 가정을 책임져야 할 가장이라는 사실을 염두에 두지 않고 너무 낭만적이었다는 데 있었다.

여러분이 지금 미래를 설계해야 할 위치에 있다면, 재정적인 문제를 절대로 무시해서는 안 된다. 오히려 반드시 경제적인 목표를 합리적으로 세워야 한다. 만일 현재의 직업을 통해서 여러분의 가정이 필요한 재정을 충족시킬 수 없다면, 속히 다른 직업을 찾아봐야 한다.

현재의 직업에 만족하지 않으면서도 계속해서 그 자리에 버틸 수밖에 없는 사람들에게는 또 다른 원인이 있다. 상당수의 사람들은 다른 직업을 택하여 직장을 옮기기에는 자신의 기술이나 능력이 부족하다고 생각한다. 즉 모험할 자신이 없는 것이다. 존(John)은 이렇게 고백했다.

"저는 제재소에서 목재 기술자로 15년 동안 일했습니다. 돈도 꽤 벌었습니다. 이제는 다른 일을 좀 해보고 싶어요. 더 이상 손가락에 기름을 묻히고 살고 싶지 않아요."

이와 같은 고백을 변호사, 과학자, 은행가, 비행사, 심지어 목회자에게서도 들었다. 만일 마음속에 이와 같은 생각이 있다면, 지금이야말로 하나님을 신뢰할 때이다. 새로운 열정을 품을 수 있도록 기도하며 삶을 놀랍게 변화시켜 주시기를 간구하라. 존은 나와 싱딤한 뒤에 과감하게 새로운 일을 찾아보기로 결심했다. 이는 곧 이제까지 접해 보지 못한 새로운 직업에 대한 동경일 수도 있지만, 반대로 생각하면 미래의 불확실성으로부터 오는 불안과 위험 부담을 감수하겠다는 의미이기도 하다. 그는 가전 업체에 새로 취직했다. 비록 수입은 전보다 못하지만 자신의 미래를 낙관했다. 앞에서도 말했듯이 제재소에서 일하면서 상당한 돈을 모았기 때문에 수입은 조금 떨어지더라도 스스로 즐거움을 느낄 수 있는 직장을 택할 수 있었다.

둘째는 변화를 두려워하기 때문이다. 여러분 중에는 기업의 사장도 있을 것이고, 총괄 책임자도 있을 것이고, 부서 책임자도 있을 것이다. 그러나 자신이 관리하고 운영하는 조직을 더 이상 성장시킬 만한 독창적인 아이디어나 지식, 심지어 의욕도 없는 사람이 있을 것이다. 여러분이 그 조직의 창립 회원이라면 조직에 대한 애착은 더욱 강할 것이다. 그리고 다른 사람에게 조직을 맡기고 싶지도 않을 것이다. 이렇게 되면 조직은 이전의 생동감은 사라지고 경직되어 효율성이 떨어지고 매출도 감소세로 돌아서게 된다. 만일 여러분이 맡고 있는 조직이 이렇다면, 오히려 한 발 물러서거나 아예 그 조직에서 떠나라고 권하고 싶다. 물론 이 결심은 매우 힘들다는 점을 나도 충분히 이해한다. 그러나 이 방법 외에는 다른 방도가 없다.

선교사, 목회자, 부흥사까지 나를 찾아와 많은 이야기를 하는 편이다. 그들은 직업의 특성상 주변 사람들에게 드러내놓고 말은 못하지만, 사역을 처음 시작할 때에 품었던 의욕을 상실해 지극히 형식적인 태도로 사역에 임하고 있으며 내심 다른 일을 해보고 싶어하는 사람들이 많다. 그들은 자신의 목회가 실패했다고 믿으며, 하나님의 영광을 가리고 있다고 생각한다. 그러면서도 목회를 그만두고 경제 논리와 약육강식의 경쟁 논리가 지배하는 새로운 세계에 뛰어드는 일은 주저하고 있다. 그들은 현실을 혐오할 뿐 아니라 변화를 두려워하고 있는 것이다.

빌(Bill)은 신실한 후원자들의 후원을 받으며 8년 동안 가족들과 함께 해외 선교 사역에 헌신해 왔다. 그런데 최근 재정후원이 급감하면서 상당히 당황하고 있는 상태에서 나를 찾아왔다. 내가 보기에는 일단 미국으로 돌아와서 다른 일을 하면서 필요한 재정을 확보한 뒤 다시 선교지로 나가는 것이 최선의 방법이었다. 그러나 그는 어떻게 해서든 선교 사역을 계속하길 원했다. 한동안 그는 선교 사역을 포기하지 않겠다고 고집했지만 결국은 현실을 받아들였다. 결과적으로 볼 때 그의 선택은 옳았다. 그 뒤 지금까지 사업을 계속하고 있으며, 평신도로서 하나님의 영광을 위하여 많은 사역을 하고 있다.

▲▲▲

직장 옮기기

누구든지 일단 직장을 옮기기로 작정하고 하나님의 인도를 구해 왔다면, 어느 시점에서 실제로 행동에 옮기게 된다. 대개의 경우 현재의 직장에서 직면하는 좋지 않은 상황을 피할 목적으로 직장을 옮기기 때문에 지금 있는 곳보다 환경이 나은 곳으로 옮겨가기 마련이다.

만일 다음과 같은 이유로 직장을 옮기고자 한다면, 결코 반대할 일은 아니다.

- 지금이 새로운 도전을 통하여 새로운 책임을 맡아 새롭게 출발할 때라고 생각한다. 현재의 직장에서는 더 이상 이룰 것이 없기 때문이다.
- 생활에 뭔가 변화가 필요하다고 느끼고 있다. 개인적인 시간도 좀더 갖고 싶고 여행도 하고 싶다. 그리고 현재의 과중한 스트레

스에서 벗어나고 싶다.

- 현재의 직장이나 부서나 업계에서는 도덕적으로 떳떳치 못한 일이나 불법이 자행되고 있다.
- 직장 내의 여러 가지 여건으로 인해 자신이 가진 능력을 십분 발휘할 수 없는 상황이며, 그 상황은 쉽게 해결될 것 같지 않다.
- 기도 가운데 하나님께서 새로운 직업이나 그리스도인으로서 새로운 사역을 하길 원하심을 느낀다.
- 업계 전체가 사양화되고 있거나 회사가 서서히 기울고 있다.
- 회사가 심각한 고용 초과와 인사 적체 상태에 있다.
- 새로운 교육을 받거나 재충전의 필요성을 절실히 느끼고 있으나 현재의 직장에서는 그것이 불가능하다.

정당하고 떳떳하게 떠나라

더 좋은 직장을 찾아서 사직하든지, 현재의 직장이 마음에 들지 않아 뛰쳐나가는 것이든지, 감원 대상이 되어 타의에 의해서 옷을 벗게 되든지 오랫동안 몸담아 왔던 직장을 보기 좋은 모습으로 떠나는 것은 매우 중요하지만 쉬운 일은 아니다. 마지막으로 직장을 나서는 여러분의 뒷모습을 보면서 이제껏 함께 일했던 동료들은 하나님의 인내와 친절하심을 볼 수도 있고, 회사를 저주하며 떠나는 자기밖에 모르는 이기적이고 건방진 사람의 모습을 볼 수도 있다. 그렇기 때문에 떠나는 시기를 잘 선택할 필요가 있다. 억울하게 오해를 받아 급여가 차압된 상황이라든가, 징계를 받았다든가, 동료들과의 오해로 인하여 무시당하고 있다든가, 어떤 불법적인 행위에 연루되어 있는 상황에서 회사를 떠나려 한다면 자칫 감정적이 되기 쉽다. 그럴 때는 회사를 떠나기보다 회사 내의 감사 관련 부서나 정부 기관에 호소하거나 법적인 심판을 청구해 자신의 떳떳함을 밝힌 후 떠나는 것이 감정적으로 사표를 집어던지는 것보다 훨씬 바람직하다. 그리고 자신을 둘러싼 갈등이 있다면 공식적이고 합리적인 통로를 통해서 해결하는 것이 감정적인 투쟁이나 보복을 통해서 해결하는 것보다 훨씬 바람직하다.

일반적인 경우 직장을 떠날 때 다음과 같은 사항을 반드시 유의해야 한다.

- 어떤 임무든지 아주 성공적으로 완수하고 떠나야 한다.
- 직장을 떠나기 전에 어떤 문제의 원인을 제공하거나 직장에 대해서 불평을 하지 않아야 한다.
- 관계가 좋지 않았던 사람들과 화해한다.
- 거만하지 않은 겸손한 태도로 떠나라.
- 그동안 도와주신 분(고객들, 동료들, 납품업자 등)들에게 감사하는 마음으로 조용히 떠나라.

로버트(Robert)는 부품 생산 업체의 사장이다. 그는 두세 달 안에 사임할 생각을 하고 있다. 그런데 회사는 어떤 큰 거래선으로부터 받아야 할 돈을 오랫동안 받지 못하고 있는데, 그 금액이 4백만 달러를 넘고 있었다. 이제 남은 시간을 일자리를 찾는데 써야 할지, 아니면 마지막으로 회사에 봉사하는 마음으로 미수금을 가능한 한 받아내는 데 주력해야 할지 고민하고 있었다. 상담을 통해 그는 회사에 남아 있는 동안은 회사 일에만 충실하기로 하고 미래의 일은 하나님께 맡기기로 했다. 로버트는 이렇게 말했다. "그렇게 하는 것이 옳을 것 같았습니다." 직장을 떠나기 전까지 그는 미수금의 90퍼센트 이상을 회수했다. 그리고 직장을 떠난 뒤 몇 개월 지나지 않아 어떤 기업이 아시아에 새로 건설한 생산 시설을 책임지고 관리하는 지사장으로 새 삶을 시작할 수 있었다.

로버트가 하나님의 이름을 높이려고 할 때에 하나님께서도 그만한 보상을 해주셨다고 생각한다.

마무리를 잘하고 떠나라

나는 한때 상당히 규모가 큰 크리스천 사역단체의 운영을 맡았던 적이 있었다. 당시는 그 직장을 '약속의 땅'과 같은 직장이라고 생각했다. 그러나 3년 정도 일하면서 약간의 갈등이 있었고, 그 단체의 최고 책임자가 떠나 주길 바라고 있음을 눈치챌 수 있었다. 만일 내가 모르는 척하고 그 자리에 눌러앉아 있으면, 머지않아 해고될 것 같은 분위기였다. '약속의 땅'이 어느새 '애굽'으로 바뀌어 있었다. 나는 가급적 명예롭고 당당한 모습으로 떠나기로 작정했다. 떠날 날짜를 몇 달 앞두고 내가 할 수 있는 일이 무엇인지를 생각해 보고 다음과 같은 일을 실천하기로 결정했다.

• 나를 내보내려는 최고 책임자에게 최대한의 예의를 갖추어 대한다. 그리고 그를 위해서 매일 기도한다. 이 일은 결코 쉽지 않았다.
• 내가 맡은 일을 마지막까지 최선을 다한다.

- 불평이나 험담을 하지 않는다.
- 적당한 시간을 내어 최고 책임자를 만나 함께 일하던 기간 동안에 대해 사의를 표하고 나의 명예도 지키고 그 기관에도 해가 되지 않으려면, 언제 어떤 모습으로 떠나는 것이 가장 적절한지 상의한다.
- 동료 직원들을 마지막까지 항상 밝게 대한다.
- 가장 심한 갈등을 빚었던 동료와 화해하고 떠난다.

사실 당시 나는 가능하면 그곳을 떠나지 않고 싶었지만, 훗날에 그것도 하나님의 계획과 인도 가운데 있었음을 알게 되었다. 나는 그 직장을 떠나는 과정에서 하나님께 영광을 돌리는 데 최선을 다했기 때문에, 그 뒤에 큰 어려움 없이 쉽게 새 직장을 구하고 현재의 사업까지 할 수 있었다고 생각한다.

지금 여러분이 '애굽'에 있든지, '사막'에 있든지, '약속의 땅'에 있든지 상관없이 하나님을 신뢰해야 한다. 진정으로 하나님의 인도를 구한다면 비록 상황이 낙관적이지만은 않다 하더라도 명예롭게, 그리고 미래에 대한 희망을 품고 현재의 직장을 떠날 수 있을 것이다. 하나님은 그분이 계획하신 바대로 한치의 오차도 없이 정확하게 우리를 인도하신다. 직장을 바꾼다는 것은 어찌 보면 참으로 흥미진진한 여행일 수 있다. 도전을 두려워하지 말라. 모험을 즐겨라.

 **함께 이야기합시다**

1 여러분의 직장은 어디에 속해 있는가? '애굽', '사막', 혹은 '약속의 땅'?

2 현재의 직책에서 너무 오래 머물러 있지는 않았는가? 이제 어떤 변화가 필요한 때가 아닌가?

3 만일 새로운 직장을 구하려고 한다면, 그것은 단순히 현실에서 도피하고자 함인가? 아니면 새로운 기회를 모색하기 위함인가?

4 현재 여러분이 '사막'에 있다면 오직 하나님만 바라보고 기도하고 있는가? 아니면 자신의 지혜와 능력으로 모든 문제를 해결하려고 하는가?

갈등 4

사람 사는 곳엔 언제나 갈등이 있다

하나님께서 여러분을 비참한 지경에 처하도록 하기 위해서 어떤 사람을 특별히 창조하셨다고 생각하는가? 다음의 경우를 생각해 보자.

- 무시할 수 없을 정도로 중요한 고객이지만, 거래할 때마다 불평이 너무 많고 조건이 까다로워서 거래 규모에 비해서 이익이 거의 남지 않는 고객.
- 어떤 이유 때문에 사이가 별로 좋지 않거나 심지어 심하게 반목하고 있는 동료.
- 일상적인 보고를 받으며 날마다 업무를 너무 엄격히 점검해 심한 압박감을 주는 상사.
- 같은 지시를 셀 수 없이 반복하고, 그 일에 대해서 수시로 쉬지 않고 간섭해 짜증나게 하는 상사.
- 팀워크를 너무 강조하여 개인적인 창의성을 발휘하기 힘들게 만

드는 상사.

- 말이 너무 많고 남에 대해 이야기하는 것을 좋아하고, 특히 입만 열면 험담하는 사람들.

대인 관계가 원만하지 않기를 바라는 사람은 아무도 없을 것이다. 그렇지만 우리는 평생을 살아가는 동안 많은 사람들과 다투고 갈등하게 된다. 누군가와 함께 시간을 보내고 일을 하게 되면, 어느 팀이 야구를 더 잘하는가 하는 사소한 문제에서부터 새로운 생산 설비를 도입하기 위한 예산의 확보 등의 매우 중요한 문제에 이르기까지 수없이 많은 의견 충돌이 있게 된다. 아마도 누구든지 한 번쯤 '주변에 누구만 없다면, 일을 완벽하게 할 수 있을 텐데….' 하는 생각을 해본 적이 있을 것이다.

내 경험으로는 사람들이 직장에서 해고당하는 이유의 대부분은 기술적인 문제나 업무와 관련된 지식의 부족이 아니라 직장에 적응을 잘 못한다든지 대인 관계의 문제라고 생각된다. 자신이 개인적으로 성숙하고 일에 프로가 되고 싶다면, 업무와 관련된 전문적인 지식을 습득하는 것보다 직장 안에서 대인 관계를 원만하게 유지하는 방법을 배우는 것이 더 중요하다.

▲▲▲

직장에서 억울한 대우를 받을 때

나는 대기업의 인사 담당 부서의 책임자로 3년 정도 근무한 적이 있다. 회사의 규모가 커지면서 부서의 기능도 세분화되었는데 부서의 일부가 별도로 독립해서 두 개의 부서가 되었고, 그중 한 부서를 린다(Linda)라는 여성이 책임지게 되었다. 그녀가 그 부서에 부임한 후 자신의 부서가 책임져야 할 업무를 검토하면서 주변 사람들에게 하는 말들이 다른 사람들의 입을 통해서 내게도 전해졌다. 린다는 "이전까지 부서의 업무 체계가 너무 형편없다"고 투덜거리며, 자신이 업무 체계를 완벽하게 새로이 만들어 보겠노라고 기염을 토했다고 한다. 게다가 최고 경영자들에 대해서 있지도 않은 이야기들을 만들어 비방하고 다닐 뿐 아니라 그들의 사소한 실수도 놓치지 않고 비난하고 다녔다. 마치 그녀의 눈에는 자신을 제외하고는 모두 어딘가 좀 모자라는 사람으로 보이는 모양이었다.

상황이 이 지경이니 나 역시 린다가 좋을 리 없었다. 아침에 그녀의 몸에서 풍기는 향수 냄새와 가죽 코트 냄새조차 맡기 싫어졌다. 가급적 린다와 마주치는 것을 피했으며, 할 말이 있으면 가능한 한 간단하게 끝내려고 노력했다. 뿐만 아니라 그녀를 대할 때는 나도 모르는 사이에 말투가 냉정하고 빈정거리는 투로 변하곤 했다. 그리고 집에 돌아오면 린다가 업무에 대해 얼마나 무지하고 건방지며 자신의 입지에만 신경을 쓰는지 죄 없는 아내에게 얘기하며 스트레스를 풀곤 했다. 시간이 지나면서 그녀에 대한 반감은 점점 커져만 갔다.

지금 생각해 보니 린다에게 문제가 있는 것은 사실이었다. 그러나 그녀와의 사이에 존재하는 긴장을 풀어 보기 위해 내가 아무런 노력을 하지 않았던 것도 역시 사실이었다. 당시에는 갈등을 효과적으로 풀어 가는 방법을 제대로 알지 못했던 것 같다. 그녀 역시 나를 좋아하지 않았다. 기본적인 예의는 지켰지만 결코 내게 호감을 가지고 대하는 것은 아니었다. 당시에 그녀와의 문제를 해결해 보려는 노력을 제대로 하지 않은데 대한 아쉬움은 지금도 가지고 있다. 그러나 그때에는 내가 그녀의 부당한 행위와 태도의 순진한 피해자일 뿐이라는 생각만 했다. 이때가 분명 내 인생에서 가장 힘든 시간이었다. 그러나 이를 계기로 대인 관계에서 일어나는 갈등을 어떻게 하면 하나님의 방법으로 풀어 나갈 수 있을까 하고 심각하게 고민하기 시작했다.

▲▲▲

갈등의 세 가지 이유

사람들이 일터에서 다른 사람들과 갈등을 일으킬 수밖에 없는 이유는 무엇일까? 이 질문에 대해서 많은 대답을 할 수 있겠지만, 대략 세 가지 이유를 생각해 볼 수 있다.

첫째는 오랫동안 내가 중요하게 생각하며 추구해 왔던 가치가 위협받을 때이다. 만일 자신이 매우 소중하게 생각해 왔던 어떤 것들이 위협받는다면, 사람들은 누구나 방어적인 자세를 취하게 된다. 자신이 매우 소중하게 여기는 가치들 가운데 다른 사람들에게서 위협받기 쉬운 것들은 어떤 것들이 있을까? 지금까지 쌓아온 명성, 체면, 경쟁력, 직책, 수입, 마음의 평화, 안정된 환경 등 따져 보면 매우 여러 가지가 있을 것이다. 한때 내게는 린다로 인해서 나에 대한 세인들의 평가를 훼손당했을 뿐 아니라 승진에서 누락될지 모른다는 두려움이 있었다. 그리고 그때까지 누려왔던 평안한 직장 분위기가 흔들렸다.

둘째는 대화의 부족이다. 대인 관계에 문제가 생긴다면 그것을 해결할 수 있는 방법은 대화뿐이다. 그러나 대부분의 사람들은 대화가 아니라 싸움이나 회피 같은 극단적인 방법을 선택한다. 이런 식의 해결 방법은 보복, 빈정거림, 헐뜯기, 맞고소, 난투극 등으로 발전할 수밖에 없다. 그리고 막상 대화를 하려고 해도 충분히 듣고 말하는 쌍방향 대화가 아니라 상대방의 얘기는 귀담아듣지 않으면서 자기 주장만 되풀이하는 일방통행 식의 대화로 흐르기 쉽다. 나의 경우는 싸우는 쪽은 아니고 오히려 회피하고 외면하는 쪽이었다. 상대방과 가급적 마주치지 않으려고 노력하는 지극히 수동적인 자세를 취하곤 했다. 하지만 대화의 부족은 상대방이 하는 행동의 동기를 오해하고, 말의 진의를 잘못 해석해 불신만 가중시키는 결과를 낳는다.

셋째는 행동 양식의 차이다. 일을 대하는 자세는 사람마다 똑같을 수 없다. 이런 자연스러운 차이를 이해하고 수용하지 못한다면, 갈등은 쉬지 않고 일어날 수밖에 없다. 예를 들어 일에만 몰두해서 사는 사람들은 자연히 대인 관계를 이끌어 가는 기술이 부족하기 마련이다. 또 세심한 부분까지 신경을 쓰는 사람은 매우 치밀하다는 평가를 받을 수 있지만, 반대로 소심한 사람으로 비춰질 수 있다. 그렇기 때문에 사람들 모두가 자신의 생각과 같을 수 없다는 사실을 자연스럽게 받아들이지 못하면, 갈등은 쉬지 않고 발생하고 집단의 일체감은 여지없이 무너지고 만다.

한때 나는 상당히 큰 펄프 제조회사에 근무하면서 이 세 가지의 요인을 모두 경험한 적이 있다. 당시 내 휘하에는 두 사람의 기술 책임자가 있었는데, 이들은 사사건건 대립해 생산에도 큰 차질을 빚곤 했다. 이 갈등을 해결하기 위해서 호텔에 방을 빌려 그들 두 사람과 함께 들어가 문을 걸어 잠그고 갈등의 요인이 되었던 문제를 함께 이야기하기 시작했다. 그들의 이름은 제이미(Jamie)와 레드(Red)였는

데, 일상적인 생산 목표를 달성하기 위해서 서로 협력해야만 하는 사이임에도 늘 싸우기만 했던 것이다. 그러나 그들은 모두 마음속으로는 자신들에게 주어진 임무를 훌륭하게 완수하겠다는 마음을 품고 있었다.

　제이미는 개인적으로 팀의 조직력과 효과적인 통제를 중시하는 편이었는데, 개인의 창의력을 마음껏 발휘해 보고 싶던 레드를 보며 위기감을 느꼈다. 반면에 레드는 제이미의 통제 방식 때문에 창의력을 발휘할 수 없을뿐더러 결과적으로 자신의 성과급을 깎아먹고 있다고 생각하며 불만을 품고 있었다. 그 결과 그들은 업무의 진행 속도에서부터 세세한 기술적인 문제에 이르기까지 대립할 수밖에 없었던 것이다. 그들은 꼭 필요한 경우가 아니면 서로 대화를 나누지 않았기 때문에 서로의 생각을 이해하지 못했고 대화의 결핍은 점점 심해져만 갔다.

　제이미는 매우 치밀하고 조직적인 사람이었고 정해진 원칙에 따라 팀을 운영하는 사람이었다. 다시 말해서 예외를 거의 인정하지 않는 사람이었다. 그러나 레드는 부하 직원의 말이라 해도 그 말이 옳다면 어떤 원칙도 바꿀 수 있는 유연한 사람이었다. 제이미는 완벽을 추구하는 스타일인데 비해서 내성적인 성품을 지닌 말이 없는 사람이었으며, 레드나 다른 동료 혹은 부하들이 그의 뜻과는 다른 행동을 하면 겉으로 표현하지는 않으면서도 속으로 끙끙 앓는 편이었다. 반면에 레드의 입장에서 보면 제이미는 유연함이라고는 하나도 찾아볼 수 없는 고리타분하고 시대에 뒤떨어진 사람이었다. 이처럼 한 사람은 유연하고 창의적인 반면 한 사람은 원칙주의자이며 치밀한 성격을 지니고 있다면, 이와 같은 사고 방식과 행동 양식의 차이는 필연적으로 갈등을 낳을 수밖에 없다.

상당 기간 동안 대화와 중재를 거쳐서, 이들은 서로의 존재와 장점을 인정하며 감사할 수 있게 되었을 뿐 아니라 서로 많은 대화를 나누기 시작했다. 훗날 제이미와 레드는 일에 임하는 방식이 서로 다를 수 있다는 사실을 인정하면서 서로를 받아들일 수 있게 되었다고 고백했다. 지금 레드는 자신이 어떤 새롭고 창의적인 생각이 떠오르면 먼저 제이미와 상의하고 일을 처리하며, 제이미는 자신이 미처 지니지 못한 독창성과 참신한 아이디어가 레드에게 있다는 사실을 인정하고 있다. 물론 그들 사이에는 지금도 의견의 차이가 늘 존재한다. 그러나 서로의 차이를 인정하고 부족한 점을 보완해 주는 아주 훌륭한 동반자이다.

▲▲▲

하나님의 방법과 사람의 방법

갈등이 무조건 나쁜 것은 아니다. 서로의 의견 차이를 인정하고 함께 고민하면서 내 의견도 아니고 상대방의 의견도 아닌 좀더 다듬어지고 훌륭한 제삼의 결론을 도출해 낼 때가 있다. 이것은 갈등의 순기능이다. 모두 승자가 될 수 있는 방법이다. 그러나 의견이 조화를 이루지 못하면, 갈등은 매우 좋지 않은 결과를 낳을 수 있다. 사람들은 다른 의견을 가진 누군가에 의해서 위기감을 느낄 때 다음과 같이 대응한다.

• 보복한다. 최소한 받은 만큼은 돌려준다.

- 자신을 철저하게 보호한다.
- 상대방과 좋은 관계를 맺어 보려고 노력한다.
- 정면으로 대결한다.
- 갈등 자체를 무시한다.

보복은 서부 영화 식의 대응 방법이다. 만일 여러분이 이런 식으로 자신을 둘러싼 갈등에 대응한다면, 좀 미안한 얘기지만 미치지 않으면 다행이다. 물론 상대방에게 보복하는 그 순간에는 기분이 좋을지 모르지만 전혀 생산적인 대응 방식이 아니다.

자기 보호는 갈등과 위협에 대해 인간이 취하는 가장 본능적인 태도이다. 그 누구도 갈등을 즐거워하지는 않는다. 그러나 이러한 방어적이고 수동적인 태도보다 한 단계 성숙한 대응을 하지 않고는 인격적으로나 직업인으로서 성장할 수 없다. 만일 누군가가 나를 비난한다면, 우선 자신에게 "이 사람의 말이 옳은 지적은 아닌가?"라든지 "그의 말에 일리가 있지는 않은가?"라고 자문해 봐야 한다.

비판에 마음을 열어 놓고 그것이 진정 일리 있는 것이라면 받아들이는 용기도 필요하다.

관계 개선을 위해 노력하는 것은 갈등에 대처하는 가장 훌륭한 태도다. 하나님은 불화를 멀리하고 일체감을 높이려고 노력하는 이들을 축복하신다. 만일 레드와 제이미가 처음부터 서로를 깊이 알고 이해했다면, 이들의 의견 대립과 갈등이 그처럼 심해지지는 않았을 것이다.

비록 우리와 너무도 다른 의견을 가지고 있는 사람이라 하더라도 하나님의 관점에서 보면 존귀한 피조물이다. 그럼에도 대인 관계를 개선한다는 것은 결코 쉽지 않다는 사실을 명심해야 한다.

정면으로 맞서는 것은 때로는 의견이나 행동의 불일치에서 오는 갈등을 해결하는 유일한 방법일 수 있다. 물론 이 방법은 인간 관계를 개선하기 위해서 노력하는 것보다 훨씬 직접적이고 쉬운 방법이다. 그러나 이런 맞대결이 여러 번 반복되면 양측의 관계가 점점 악화될 수 있다. 정면으로 논쟁을 벌이더라도 그 안에 분노가 개입되어서는 안 된다.

반면에 아예 무시하는 것도 경우에 따라서 괜찮은 방법이 될 수 있다. 간혹 사회성이 너무 부족하거나 쉽게 화를 내거나 항상 문제를 일으키는 사람들이 있다. 만일 여러분이 상대방과 관계를 개선하기 위해 노력하고 있거나 정면으로 맞서 논쟁을 격하게 벌였는데도 문제가 해결되지 않았다면, 철저하게 무시하는 것도 한 가지 대안이 될 수 있다.

잠언의 한 구절을 깊이 묵상해 보기 바란다. "유순한 대답은 분노를 쉬게 하여도 과격한 말은 노를 격동하느니라"(잠 15:1). 아무리 심한 의견 차이를 가진 사람이라도 강건하면서도 인내하는 태도 앞에서 서서히 변화될 것이다.

▲▲▲

자신의 행동 양식을 관찰하자

연구 결과에 의하면 어떤 상황에 대처하는 행동 양식을 자세히 관찰하면 일정한 유형이 나타난다고 한다. 자신이 어떤 유형에 속하는지를 알고 상대방과 주변의 특성을 이해한다면, 여러분을 둘러싼 갈등을 해결하는 데 큰 도움이 될 것이다.

개리(Gary)는 기계공이다. 그는 상사와의 관계를 고민하다가 나를 찾아왔다. 새로 생산해야 할 제품의 규격을 받아들었을 때 상사는 어깨너머로 말했다. "이번엔 착오 없이 제대로 좀 만들게." 개리는 화가 나서 상사에게 참견 좀 그만하고 나가 보라고 소리를 질렀다. 그 상사는 나가 버렸고, 개리는 혼자 남아서 일을 시작할 수 있었다. 그러나 이 사건은 두 사람의 관계에 의외로 큰 파장을 일으키고 말았다. 내가 개리의 성격을 분석해 본 결과 그는 자신이 매우 독립심이 강하고 유연한 성격의 소유자라고 생각하고 있으며 간섭받는 것을 매우 싫어했다. 그런데 상사는 아주 사소한 것까지 일일이 챙겨야 하는 완벽주의자였다. 그들은 전혀 상반된 성격을 가지고 있었고, 이런 성격 차이는 그들의 갈등을 증폭시켰다.

개리는 상담을 통해서 상사에게 예의를 갖추어야 한다는 사실을 배웠으며, 왜 자신은 다른 사람의 간섭을 견디지 못하는지를 설명할 수 있게 되었다. 나는 상사에게 간섭하지 말아 달라고 부탁하는 대신에 일이 진행될 때마다 수시로 중간 보고를 하여 그의 자존심을 세워 주도록 하는 절충안을 제시하였다. 상사의 잦은 간섭이 자신의 경쟁력과 창의력에 큰 손해가 되지 않는다는 것을 알게 되면서 상사에 대한 분노도 상당히 누그러졌다. 그리고 서로에게 유익이 되는 적절한 타협점도 찾게 되었다. 개리가 자신의 일에 관해서 좀더 마음을 열수록 상사 역시 개리를 믿게 되었고, 이에 반비례하여 간섭은 오히려 줄어들게 되었다.

다음은 각자의 성격에 따른 행동 양식을 열거한 것이다. 어떤 것이 반드시 옳고, 어떤 것이 반드시 그르다고는 말할 수 없다. 그리고 사람은 누구나 이 요소들을 자신의 성격 속에 지니고 있다. 그러나 이 가운데 특히 자신에게 강한 점이 무엇인지 찾아볼 수 있을 것이다.

- **솔선형**

  경쟁력이 있다. 책임감이 있다. 설득력이 있다. 의욕적이다. 신속하다.

- **수동형**

  자극에 반응한다. 다른 사람을 지원한다. 속도가 느리다. 충분히 계산하고 답변한다. 생각이 복잡하다. 주로 듣는 편이다.

- **사고형**

  객관적이다. 신중하다. 논리적이다. 인과 관계를 따진다. 분석적이다. 현실적이다.

- **감성형**

  가치관에 따라 생각한다. 직관적이다. 조화를 중시한다. 갈등을 회피하는 경향이 있다.

- **사람 중심형**

  설득력이 있다. 품위를 중시한다. 다른 사람들을 격려한다. 의욕적이다. 유머 감각이 있다. 창의력이 있고, 변화에 쉽게 적응한다. 낙관적이다.

- **업무 중심형**

  일과 결과를 중시한다. 일의 시작과 결과만을 중요시하고, 인간적인 요소를 배제한다.

• **조직형**

철저하게 계획에 따라 행동한다. 조직적으로 사고한다. 일의 마감 시간을 철저히 지킨다. 정해진 방침에 따라 행동한다. 공정을 중시한다.

• **유연형**

자유스럽다. 적응력이 뛰어나다. 마감 시간 등 시간이나 규정에 얽매이기를 싫어한다. 필요하면 얼마든지 결정을 바꿀 수 있다.

• **내향형**

조용하다. 상대방의 반응을 주의 깊게 살핀다. 많이 생각하며 일한다. 재충전을 위해서 혼자 있는 것을 좋아한다.

• **외향형**

사람들과 함께 어울리기를 좋아한다. 생각과 느낌을 다른 사람들과 나누고 싶어한다. 개방적이다. 먼저 행동하고 나서 생각한다.

• **실제형**

항상 데이터를 근거로 생각하고 결정한다. 보고 듣고 만진 것들을 일일이 기록한다.

• **추상형**

아이디어와 관념, 느낌을 중시한다. 감정에 이끌려 행동한다. 직감적이다.

• **순서형**

항상 모든 일은 단계를 밟아 행동한다. 논리에 근거하여 계획을 세운다. 정밀하다. 질서 있게 사고한다.

• 자유형

경우에 따라서 다양하게 행동한다. 동시에 여러 가지를 생각하고 행동한다. 겉보기에는 전혀 조직적이지 않은 것처럼 보인다.

위의 유형들을 찬찬히 읽어 가면서 자신에게 해당되는 것을 표시해 보라. 그리고 특별히 자신을 화나게 하는 사람은 어떤 유형에 해당하는지 생각해 보라. 만일 여러분과 그가 완전히 반대 유형이라면, 왜 갈등할 수밖에 없는지 명백하게 드러난 셈이다.

위의 모든 유형들은 보는 관점에 따라서 장점일 수도 있고 단점일 수도 있다. 예를 들어서 조직적인 사고를 하는 사람은 먼저 계획을 철저하게 세운 후 그 계획에 따라서 행동한다. 그러나 보는 사람에 따라서는 이들이 매우 '경직되고 굳은' 사고를 가지고 있다고 생각할 수 있다. 반면 사람 중심적인 사고를 하는 사람들은 매우 열성적이고 낙관적이다. 이 역시 보는 사람에 따라서는 '비현실적이고 실제적이지 못하다'고 생각할 수도 있다. 그런데 사람은 대부분 자신을 기준으로 삼으려는 경향이 있으며, 다른 사람에 대해서는 부정적인 시각으로 보는 경우가 많다. 그러나 내가 긍정적으로 바라보는 성품을 누군가는 매우 못마땅하게 바라볼 수도 있고, 빈대의 경우도 있을 수 있다. 그 어느 것도 옳지 않다. 이 모두가 자기 중심적인 사고에서 오는 오류라고 볼 수 있다.

성격의 특성에 대해 스스로 이해하면, 자신의 강점도 알 수 있고 이것을 다른 사람들이 어떻게 인식하고 있는지 알 수 있다. 예를 들어서 나는 스스로가 감정 주도적인 사고를 하고 있으며, 변화에 둔감하며, 자유분방한 사고를 하고 있음을 알고 있다. 그러나 나에게는 조화를 중시하며 짧은 시간에 많은 일을 할 수 있으며 성급하게 결론을 내리지 않는다는 장점도 있다. 그리고 이런 나에 대해 사람들은 맺고 끊음이 분명치 않고 조직력이 없으며 너무 민감하다고 비판한다는 사실도 알고 있다.

이제 자신의 행동이 어떤 유형에 해당하는지 확인했다면 이를 유익하게 활용할 수 있는 두 가지 방법이 있다.

먼저 행동 양식을 바꾸어 갈등을 줄일 수 있도록 노력하라. 일단 자신의 행동 유형과 갈등 관계에 있는 상대방의 행동 유형을 알았다면, 특정한 상황에서 이제까지와는 다르게 행동함으로써 갈등을 줄일 수 있다.

컴퓨터 프로그래머인 마이크(Mike)는 다분히 사람 중심적인 사고방식을 가진 사람이지만, 지극히 업무 중심적인 사람들만 가득한 직장에서 일하고 있다. 그는 자신이 하는 일을 좋아하기 때문에 일에 몰두하면 시간 가는 줄 모를 정도이지만, 많은 사람들과 사귀며 서로의 이야기를 나누고 자신을 맥빠지게 하는 일에 대해서 대화하며 개인적인 친분을 쌓기를 바란다. 같은 팀에 속한 사람과 업무에 관련된 회의를 하거나 대화를 나눌 때 처음 10분 정도는 잡담을 나누며 친목하는 시간을 갖는 스타일이다. 그러나 언제부턴가 동료들이 자신의 스타일을 전혀 이해하지 못할 뿐만 아니라 매우 싫어한다는 사실을 알게 되었다. 동료들은 그야말로 일밖에는 아무 관심도 없는 사람들이었다. 그 후로 그는 회의 때는 절대로 사적인 대화를 하지 않는다. 그리고 이제는 업무 시간 중에 잠시 쉬며 차 한잔 할 때나 점심 시간

등을 이용해 동료들과 개인적인 교제를 나눈다.

행동 양식의 차이를 인정하고 오히려 그 차이에 감사하라. 케빈 (Kevin)은 매우 정열적이며 외향적인 성격을 가진 사람이며, 주어진 업무도 매우 독창적인 방법으로 처리하곤 한다. 지금 그는 상사로 인해서 상당히 힘들어하고 있다. 케빈은 상사가 자신의 창의적인 아이디어에 전혀 관심을 보이지 않을 뿐 아니라 묵살하고 있다고 생각했다. 그러나 어떤 계기를 통해서 케빈은 자신과 그 상사와의 차이를 인정하고 받아들이게 되었고, 그 후로 상사가 다르게 보이기 시작했다. 이전에는 상사의 존재가 귀찮게 느껴졌지만, 지금은 자신이 갖추지 못한 부분을 채워 주고 있는 것처럼 느끼고 있다.

케빈같이 결정이 빠르고 독창적인 사람은 그만큼 실수하기 쉽다. 반면에 상사 같은 사람은 결정과 행동이 느려 답답하게 보일 수 있지만, 케빈이 미처 생각하지 못한 부분을 보고 지적해 줄 수 있다. 이 차이를 인정하고 받아들일 수 있다면, 이들 두 사람은 상호 보완의 관계를 훌륭하게 유지할 수 있으며 모든 일을 실수 없이 해나갈 수 있게 된다. 지금 상사는 케빈의 명석함에 감사하고 있고, 케빈은 상사의 조직적이고 분석적인 조언에 감사하고 있다.

자신의 행동 양식을 분석해 보는 것이 유익하다고 생각하는가? 처음에 의도했던 바는 아니지만, 이런 분석은 직장 생활뿐 아니라 한 사람의 남편으로서 아버지로서 가정 생활에 상당한 도움을 줄 것이다. 성격과 행동 양식의 차이는 가족 구성원들 사이에서도 존재한다. 서로의 차이를 인정하고 자신의 행동 양식을 상대방에게 맞추어 약간씩 바꿈으로써 가족간에 존재하는 긴장감을 지금보다 훨씬 크게 줄일 수 있다. 자신의 성격에 대해서 좀더 자세히 분석해 보기를 원한다면, 직장 관련 상담 전문가나 주변 대학의 상담실을 찾아가거나 관련 서적들을 읽어 보기 바란다. 그러나 상담원을 만나든, 책을 읽든 그 목적은 다른 사람들과 함께 일할 수 있는 방향을 모색하는 것이라는 점을 명심하기 바란다. 모든 사람들에게 가장 좋은 친구가 되어 줄 수는 없겠지만, 인격과 인격의 충돌에서 오는 긴장과 갈등을 상당히 해소할 수 있을 것이다.

다른 사람들과 조화를 이루는 일은 직장에서 업무의 성취와 승진에 의외로 큰 영향을 미칠 수 있을 뿐 아니라 마음의 평정도 크게 누릴 수 있음을 명심하라.

갈등에 대처하기

나는 개인적으로 〈땅콩〉(*Peanuts*)이라는 제목의 연재 만화를 참재미있게 읽고 있다. 주인공인 찰리 브라운(Charlie Brown)은 항상 뭔가를 열심히 계획하고 실천에 옮기지만, 루시(Lucy)의 훼방 때문에 번번이 실패한다. 갈등이 발생하는 양상도 이와 비슷하다.

우리가 다른 사람들과의 갈등에 대처하는 몇 가지 방법을 살펴보자.

첫째는 자신에게 문제가 있다고 생각된 때이다. 갈등의 원인이 전적으로 자신에게 있거나 최소한 자신에게도 어느 정도의 책임이 있다고 생각된다면, 기도를 통해서 하나님께 상세히 아뢰기 바란다. 문제의 본질이 무엇이며 가장 훌륭한 해결책이 무엇인지를 알게 해달라고 간구하라.

함께 기도하는 동역자나 아내나 가까운 친구들에게 현재 겪고 있는 갈등에 대해서 솔직히 털어놓고 조언을 구하라. 그리고 복종할 수 있는 마음의 준비를 하라. 그들이 편을 들어주지 않는다 해도 섭섭해하지 말라. 그들의 생각과 의견을 정직하게 받아들이고 그 문제를 해결하는 데 활용하라.

자신의 마음을 점검하라. 정말 그들과 화목하게 조화를 이루길 바라고 있는가? 아니면 반드시 누가 옳고 누가 그른지 따지며 갈등을 지속하길 바라는가? 혹시 반드시 이기고 싶다는 마음을 품고 있지는 않는가?

상황을 원상 회복시키도록 노력하라. 여러분의 행동이 문제를 야기시켰다면, 상대방을 찾아가 진심으로 용서를 구하라. 반드시 구체적으로 용서를 구하라. "얼마 전에 당신에게 범한 무례를 용서하시기 바랍니다. 앞으로는 절대로 그런 일이 없도록 유의하겠습니다"라고 용서를 구해야 한다. 이와 반대로 "혹시라도 저로 인하여 불쾌하셨다면, 저도 미안하게 생각합니다"라는 어정쩡한 사과는 결코 바람직하지 않다.

전문 상담가나 개인적으로 존경하는 분을 찾아가 이 문제에 대처하는 방법과 앞으로 이런 일이 일어나지 않도록 하기 위해 어떻게 해야 하는가를 배우라.

주변 사람들과 갈등이 일어날 때 무조건 상대방의 탓으로 돌리고 있지는 않는가? 필요하다면 자신의 행동 양식을 상대방에게 맞추도록 노력하면서 자신과 전혀 다른 방식으로 사고하고 행동하는 사람이 주변에 있다는 사실에 감사하라.

둘째는 주변 사람들에게 문제의 원인이 있다고 생각될 때이다. 아무리 자신이 옳다고 생각되더라도 절대로 정면으로 맞서서 시시비비를 가리려고 해서는 안 된다. 사람들은 누구나 자존심이 있기 때문에, 상대방이 이처럼 공격적으로 나온다면 아무리 자신이 잘못했다 하더라도 순순히 자신의 잘못을 시인하고 먼저 무릎을 꿇지 않는다. 목적을 망각하지 말라. 우리의 목적은 옳고 그름을 따져 승자와 패자를 가르는 것이 아니라 서로 조화를 이루어 함께 일할 수 있도록 갈등을 해소하고 관계를 회복하는 것이다.

오히려 하나님께서 역사하셔서 그 사람에게 문제의 본질을 밝히 보이시고, 그 마음을 움직이도록 기도하라. 갈등을 해결하는 과정에서 상대방을 대할 때는 반드시 시비를 가리겠다는 마음, 분노, 두려움, 우월감 따위의 감정을 가지지 않게 해달라고 기도하라. 이처럼 문제를 해결하는 모든 과정에 하나님께서 개입해 간섭하시도록 기도하라.

문제를 정확하게 바라보고 평가하라. 혹시 여러분이 미처 생각하지 못한 곳에 전혀 다른 원인이 있지는 않을까? 미처 생각해 보지 못한 부분까지 생각해 볼 수 있도록 노력하라. 어쩌면 전혀 다른 엉뚱한 원인에 의해서 갈등이 불거졌는지 모른다.

직접 상대방을 만나서 충분한 대화를 나누는 방법과 문제를 덮어 두고 마치 아무 일도 없었다는 듯이 평소와 마찬가지로 그를 대하는 것 가운데 어떤 것이 더 바람직한지 생각해 볼 필요가 있다.

만일 직접 만나 대화를 나누기로 작정했다면, 만날 시간과 장소를 정하는 것은 물론 만날지의 여부를 결정하는 단계부터 상대방의 의견을 충분히 존중해 주어야 한다. 대개의 경우 일단 상대를 만나야겠다고 결심하게 되면, 그 만남을 계기로 모든 것이 순리적으로 풀려 나가기를 기대하지만 생각대로 되지는 않는다.

상대방에게 만나기를 원한다는 말과 함께 그 만남을 통해서 서로 간에 존재하는 갈등이 풀리기를 바란다는 뜻을 전하라. 그리고 상대방은 어떤 생각을 가지고 있는지 진지하게 의견을 들어라. 필요하면 메모를 할 필요도 있다. 만일 상대방으로부터 전혀 뜻밖의 어떤 말을 들었다면, 만남을 연기하고 그 말에 대해서 좀더 생각해 볼 시간을 가져야 한다. 만일 상대방이 "갈등이라니요? 무슨 말씀이시죠?"라고 반문한다면, 왜 여러분이 불쾌하게 느꼈는지 구체적인 사례를 들어 설명하라.

그들과 여러분의 관계가 새롭게 정립될 수 있도록 하나님께 기도하라. 그들을 위해서 규칙적으로 기도하라. 그들을 대하는 자신의 태도와 이에 대한 상대방의 반응을 자세히 관찰해 보라.

하나님께서는 모든 사람들에게 그들만의 독특한 특징을 주셨다. 그렇기 때문에 상대방이 나와 전혀 다른 개성을 가진 것에 감사해야 한다. 그리고 이처럼 다른 개성이 충돌할 때 서로 화나거나 짜증나는 일은 얼마든지 존재한다는 점을 이해해야 한다. 그리고 갈등을 보다 훌륭하게 다스리면서 더욱 성숙하게 되면 자신의 체험을 다른 사람들과 나눌 수 있을 것이다.

대인 관계의 갈등을 다스리는 법을 배우고 경우에 따라서 위기도 감수할 수 있어야 한다. 문제가 발생하면 먼저 자신을 돌아볼 수 있이야 한다. 그리고 우선 한걸음 물러나 자신을 안정시켜야 한다. 자신을 냉정하게 돌아볼 뿐 아니라 상대방과의 사이에 평안한 관계를 유지하도록 노력해야 한다. 여러분에게 가장 크게 분노하고 있는 그 사람이 어쩌면 여러분의 부족한 부분을 가장 훌륭하게 보완해 줄 수 있는 바로 그인지 모른다.

쓸데없는 자존심을 조금만 꺾고 주변의 모든 사람들을 포용할 수 있게 될 때, 여러분의 직장은 놀랄 만큼 큰 유익을 누리게 될 것이다.

 **함께 이야기합시다**

1 직장에서 평안한 관계를 유지하기 위해서 노력해야 할 사람이 있는가?

2 지금 동료들과 겪고 있는 갈등이 단순한 의견과 가치관의 차이인가? 아니면 행동과 사고 방식의 차이인가?

3 자신은 어떤 스타일에 속하는가?

4 갈등을 해소하거나 피하기 위해서 자신의 스타일을 어떻게 바꿔야 한다고 생각하는가?

How a Man Handles Conflict at Work

갈등 *5*

짜증나게 하는 상사들

밥(Bob)은 서글픈 심정으로 내 사무실을 찾았다. 그는 족벌 체제로 운영되는 회사의 중간 관리자였다. 그는 분노와 좌절감과 근심으로 말미암아 심신이 지칠 대로 지친 상태였다. 사장은 밥을 포함한 직원들을 매우 오만하고 무례하게 대할 뿐 아니라 능력도 없는 아들을 너무 신임해 직원들 사이에 위화감도 컸다. 또한 사장은 즉흥적인 결정으로 직원들을 자주 당황하게 만들었으며, 전후를 제대로 따져보지도 않은 채 오해해 함부로 직원들이 한 일을 불평하고 야단치는 경우가 많았다. 밥 역시 최근 2년 동안 나름대로 회사에 크게 기여하고 실적을 남겼음에도 불구하고 공정하고 올바르게 평가받지 못하고 있었다.

잔인한 상사들

권위적이고 비사교적이면서 능력도 없는 상사들은 참으로 골치 아픈 존재이다. 이 문제와 관련해 무엇보다 먼저 해주고 싶은 말이 한 가지 있다. 그것은 선하든지 악하든지 모든 상사들은 하나님께서 어떤 목적을 가지고 여러분에게 붙이셨다는 사실이다. 만일 우리 자신과 처한 상황을 전적으로 하나님께 맡기겠다는 마음이 있다면, 그분은 모든 것을 동원하여 우리를 훈련시키고 인도하시는 분임을 알아야 한다.

그렇다면 상사들은 직업적, 인격적, 영적 성장을 위해서 우리를 돕는 존재가 아닌가! 그들을 통해 우리에게 임한 하나님의 목적을 알게 해달라고 매일 기도로 간구하라.

이제 여러분에게 한 가지 물어 보고자 한다. 여러분은 위에 있는 권위에 대해 어떤 태도를 취하고 있는가? 상급자로 인해서 일어나는 갈등의 대부분은 권위에 대한 잘못된 인식과 태도에 기인한다. 자신이 그 권위에 얼마나 원만하게 협조하는가 혹은 저항하는가에 따라 성공할 수도 있고 실패할 수도 있으며, 평화를 누릴 수도 있고 갈등에서 허우적거릴 수도 있다. 대부분 상사와의 갈등의 원인은 그들에 대한 우리의 행동과 대응 방식과 대화 방식에서 찾을 수 있다. 모든 사람들의 내면에는 반항심이 존재하기에, 권위를 쥐고 있는 사람들의 능력을 의심하려는 속성이 있다.

그러나 성경은 그렇게 말하고 있지 않다. 어떤 이들에게 권위가 있는 이유는 그들이 특별하기 때문이 아니라 하나님께서 맡기셨기 때문에 주어진 것이다. 하나님께서 그들에게 권위를 주신 것은 특별한 때에 특별한 목적이 있기 때문이다. 처한 상황이 아무리 최악이라 하더라도, 하나님은 여러분을 위하여 그들을 사용하고 계심을 인정해야 한다. 그리스도인 직장인으로서 상사에 대한 우리의 태도가 올바른지 지속적으로 점검해 볼 필요가 있다. 이런 점검을 통해서 하나님께서 우리의 삶에 역사하심을 확인할 수 있을 것이다.

현재의 상황을 통해 보여 주시는 하나님의 목적은?

하나님께서 현재의 상사를 여러분에게 붙이신 이유는 다음의 몇 가지 가운데 하나일 것이다.

- 도전을 통해서 여러분이 성숙하도록 하기 위해.
- 하나님을 신뢰하도록 하기 위해.
- 그들과 친구가 되게 하기 위해.
- 그들과 그리스도에 대해 함께 나누도록 하기 위해.
- 사람들 앞에서 인내를 드러냄으로써 우리에게 역사하시는 하나님의 은혜를 증거하기 위해.
- 친절을 훈련시키기 위해.
- 미래의 어떤 일을 위해 사용될 귀중한 경험을 쌓게 하기 위해.
- 어떤 다른 뜻이 있으셔서 다른 직장을 주시기 위하여 마음속에 현재의 직장을 떠날 준비를 하도록 하기 위해.
- 모든 것은 하나님의 주권과 섭리하에 있음을 가르치시고, 하나님께 감사하도록 하기 위해.
- 이를 통해서 여러분을 발전시키기 위해.

• 여러분에게 리더십을 가르쳐 장차 지도자로서의 능력을 배양시키기 위해.

위에 열거한 내용들을 진지하게 살펴보라. 하나님께서는 어떤 목적으로 여러분에게 상사와의 갈등을 허락하셨는가?

끔찍한 상사들을 통해 자신을 세우기

상사와의 갈등에 대해서 고민할 때 반드시 유념해야 할 것은 그도 사람이라는 점이다. 그리고 여러분도 언젠가는 그와 같거나 혹은 더 높은 지위에 올라갈 것이고, 그때가 되면 부하들 중에 여러분을 끔찍이 싫어하는 이들이 생겨날 수 있다. 세미나 같은 데 참석하여 발표나 강의를 할 기회가 있을 때마다 나는 청중들에게 이렇게 질문하곤 한다. "여러분들 가운데 상사나 사장 때문에 짜증스러워하는 분들이 계신가요?" 예외 없이 거의 모든 사람들이 손을 든다. 과연 훌륭한 상사는 존재할 수 없는 것일까? 못된 상사의 정의는 사람에 따라 다를 수 있다. 상담 사역을 하면서 대인 관계의 문제, 횡령, 지도력의 부족, 건강 문제, 능력 부족, 명령 불복종 등 다양한 이유로 해고당한 중간 관리자들을 많이 만날 수 있었다. 그런데 이들의 휘하에서 근무했던 부하 직원들을 만나 보면, 같은 상사를 두고도 어떤 사람은 이들의 해고를 아쉬워하는데 비해서 다른 사람들은 오히려 이제야 해고된 것을 의아하게 생각하기도 한다.

여러 해에 걸쳐서 부하들이 주로 어떤 유형의 상사들을 싫어하는지 조사해 보았다. 이제 아래에 열거한 내용들을 살펴보면서, 경험에 비추어 여러분이 질색하는 상사는 어떤 사람인지 생각해 보기 바란다. 특히 각각에 대하여 여러분이 가장 싫어하는 유형을 다섯 가지만 뽑아서 별도로 표시해 두기 바란다.

인격적인 특성

- 일만 알고 유머 감각이 없으며 완급을 조절할 줄 모른다.
- 일을 대하는 태도가 진지하지 않다.
- 일은 서두르면서 결과에만 집착한다.
- 일의 진전이 너무 없다.
- 쓸데없이 칭찬은 많이 하지만, 정작 해야 할 일에는 별로 신경 쓰지 않는다.
- 쉽게 화를 내고 책임을 전가한다.
- 너무 비판적이다.
- 너무 까다롭고 민감하다.
- 부하 직원을 인격적으로 대하지 않고 업무의 도구로만 취급한다.
- 말만 많고 행동이 따르지 않는다.
- 다른 사람이 한 일에 대해서 말이 많다.
- 건강에 문제가 있거나 일이나 직장 분위기에 어울리지 않는 복장을 하고 있으며, 적성에도 맞지 않는 것 같다.
- 불법적인 일에 연루되거나 부하 직원에게 도덕적으로 옳지 못한 일을 강요한다.
- 보이지 않는 곳에서 부하 직원들의 험담을 한다.

업무 관계

- 칭찬에 인색하며 부하 직원을 야단칠 때 외에는 거의 말도 걸지 않는다.
- 업무 결과에 대한 평가나 사후 관리 등을 전혀 하지 않는다.
- 사사건건 어깨너머로 감시하며 사소한 것까지 잔소리를 한다.
- 너무 세밀한 부분까지 일일이 챙긴다.
- 세부적인 업무 파악을 전혀 못하고 있으며 실수가 많다.
- 모든 것을 혼자서 다 결정하려 하는 경향이 있고 고집이 세다.
- 우유부단하여 결정을 제대로 내리지 못하거나 어떤 것에 지나치게 얽매인다.
- 아랫사람을 믿고 업무를 이양하지 못한다.
- 아랫사람에게 업무를 이양하지만 믿지 못하여 계속 간섭한다.
- 아랫사람의 의견을 꺼리며 잘 수용하지 못한다.
- 목표를 설정하거나 방향을 제시하거나 적절한 지시를 내리지 못한다.
- 업무에 관련된 전문적이고 기술적인 지식이 없다.
- 승진에만 신경 쓰며 윗사람에게 아부한다.
- 성희롱을 하거나 부하 직원을 감정적으로 대한다.
- 직원들의 업무를 평가할 때 일의 성취도를 냉정하게 평가하는 것이 아니라 자신의 기호에 따라 편견을 가지고 평가한다.

여러분의 상사는 위에 열거한 내용들 중 어느 항목에 해당하는가? 여러분이 상당히 호감을 느끼는 상사를 다른 사람은 아주 질색할 수도 있고, 반대의 경우도 있을 수 있다. 예를 들어 여러분은 세심한 부분까지 찬찬히 챙겨 주는 상사를 선호하지만, 동료들은 그런 사람을 아주 싫어할 수도 있다.

같은 상사라 하더라도 직장의 여건과 일의 성격에 따라서 탁월한 능력을 발휘할 수도 있고 큰 사고를 낼 수도 있다. 이와 같이 적성에 맞지 않는 일터에서 적성에 맞지 않는 일을 하게 되면, 그가 가진 지도력을 제대로 발휘할 수 없게 되고 그 자신도 감정적으로 매우 불안해진다. 또한 가끔은 남성 직원들을 함부로 다루면서 이를 은근히 즐기는 여성 상사도 있을 수 있고, 반대로 여직원을 은근히 성희롱하거나 짓궂게 대하는 남성 상사들도 있다. 그렇기 때문에 간부들을 임명할 때는 인사 담당자의 세심한 인사 자료와 법률적인 검토가 필요하다. 만일 여러분의 상사가 이와 같은 경우에 해당한다면, 친구나 목회자나 전문 상담가나 변호사 등을 찾아가 상담해 보기 바란다.

상사와의 관계를 악화시키는 요인들

상사와의 관계가 악화되어 고민하는 사람들과 상담할 때 가장 중요한 것은 정확한 원인을 찾아내는 것이다. 그래야만 가장 적절한 대책을 마련할 수 있다. 상사와의 관계가 악화되는 몇 가지 원인을 예로 들어 보겠다. 이 중에 자신에게 해당되는 것들을 찾아내어 적절하게 적용해 보기 바란다.

첫째, 사고 방식과 행동 양식의 차이다. 앞장에서도 다루었듯이 이것은 갈등의 가장 주요한 원인 가운데 하나이다.

과거에 내가 보기에 매우 무능하다고 생각되는 상사 밑에서 일한 적이 있었다. 그러나 돌이켜보면 그가 그렇게 무능하고 형편없는 사람만은 아니었던 것 같다. 다만 그는 지나치게 보수적이며 개인보다 조직을 중요시하며, 일밖에 모르는 조용한 사람이었을 뿐이다. 반면에 나는 외향적이고 사람 중심적이었다. 아마도 내가 그를 질색했듯이 그 역시 나를 좋아하지는 않았을 것 같다.

하나님은 여러분에게 어떤 성품을 허락하셨는가? 또 상사에게는 어떤 성품을 허락하셨는가? 상사와 갈등하는 것은 사물을 보는 관점과 시각이 다르기 때문일 것이다. 그렇다면 이런 시각 차이를 좁혀보려는 노력이 꼭 필요하다.

둘째, 가치관의 차이다. 한 직장에서 서로 다른 세대들이 함께 어울려 일하는 경우에도 갈등은 발생한다. 예를 들어서 여러분은 좀더 간편하고 실용적인 복장을 선호하지만, 50대 이상의 경영진들은 이를 못마땅하게 생각하며 정장을 강요하는 경우도 있을 것이다. 심지어 험한 일을 하는 건설 현장에서도 색깔 있는 셔츠와 깔끔하게 주름잡힌 바지를 입은 나이든 일꾼들이 청바지에 티셔츠를 입은 젊은 일꾼들을 보면서 복장이 '단정하지 않다'고 생각한다. 그러나 내 눈에는 이들의 복장이 지극히 자연스럽게 느껴진다.

그런 예는 얼마든지 있다. 소위 '구세대'에 속하는 사람들은 가정을 아내에게 맡겨 둔 채 밥먹듯이 야근하며 일에 몰두하는 것을 미덕으로 여기며 젊은 시절을 보냈지만, 새로운 세대들은 가능한 한 빨리 집으로 돌아가서 자녀들과 함께 지내는 시간을 더 소중하게 여긴다. 전반적으로 나이든 세대일수록 격식을 중요하게 여기며 변화를 달가워하지 않는데 반해, 젊은 세대들은 격식을 무시한 실용주의적인 경향이 있을 뿐 아니라 변화도 과감하게 수용할 줄 안다.

여러분 모두 자기 나름대로의 가치관이 있으리라고 믿는다. 그리고 여러분들이 직장 상사와 겪고 있는 갈등의 상당 부분은 이런 가치관의 차이에서 올 것이다.

셋째, 지식의 부족이다. 직장에서 승진한다는 것은 그만큼 능력이 출중하고 탁월하다는 것을 의미한다. 그러나 간혹 지위와 직책에 걸맞는 지도력을 갖추지 못하여 주변 사람을 피곤하게 하는 사람이 있다. 부서의 책임자가 지도력이 부족할 경우 그 부서 전체가 최고 경영자들로부터 정당한 평가를 받지 못하게 되고, 이는 그 부서원 각자의 급여와 수입에까지 좋지 않은 영향을 미친다.

반면에 상당한 지도력과 기질을 갖추고 있으면서도 업무에 관한 실제적이고 기술적인 지식을 갖추지 못한 사람이 있다. 이런 사람 밑에서 일을 하게 되면 일의 능률이 떨어져 같은 결과를 얻기 위해서 더 많은 시간과 노력을 기울여야 하는 결과를 낳게 되며, 이는 부하 직원의 반발과 갈등의 중요한 원인이 된다.

넷째, 성격의 차이다. 칭찬에 극히 인색한 부서장, 툭하면 화를 내는 부서장, 아무 때나 독설을 퍼붓는 부서장도 부하 직원의 존경과 환영을 받기 힘들다. 이런 식의 의사 교환이 계속되면 상하 관계는 꽁꽁 얼어붙게 된다. 또 어떤 상사들 가운데는 부하 직원들을 속이고, 그들의 공로를 자신이 녹차지하는 지저분한 이들도 있다. 이런 상사 밑에서 일하는 사람들은 일할 의욕이 나지 않을 것이며, 자신의 능력을 의심하는 경우도 생길 것이다.

그러나 그리스도인들에게는 이런 상황이 자신의 믿음과 그리스도의 덕을 드러낼 수 있는 절호의 기회이다. 그야말로 '착하고 충성된

종'으로 인정받을 수 있는 좋은 기회인 것이다. 또한 상사의 심기를 건드리지 않고 그를 충분히 존중해 주면서 필요한 변화를 꾀할 수 있도록 설득하고 유도함으로써 그리스도인으로서 진가를 발휘할 수 있을 것이다. 그러기 위해서는 모든 주권이 하나님에게 있음을 인정하고 억지로 변화시키려다가 오히려 상황을 악화시키지 않는 지혜가 필요하다.

다섯째, 책임감의 결여이다. 은행원인 론(Ron)은 나름대로 의욕을 가지고 많은 건의와 업무 개선 방안 등을 제출하였지만, 그 모든 서류들이 부서장의 책상 위에서 낮잠을 자고 있을 뿐 전혀 업무에 반영되지 않고 있다. 직장은 기본적으로 급여를 받을 목적으로 일하는 곳이며, 열심히 일한 만큼 충분한 급여를 받는 것은 지극히 당연한 것이다. 그러나 업무에 무관심하고 무책임하면서도 자리만 지키고 월급은 꼬박꼬박 챙겨 가는 상사를 만났을 때는 이 역시 갈등을 발생시키는 중요한 요인이 된다.

문제 많은 상사 다루기

인간인 이상 문제가 많은 상사 밑에서 일을 하게 되면, 좋지 않은 감정이 마음속에 쌓이는 것은 어떻게 보면 당연한 일이다. 그러나 이 감정을 건전하게 해소시키는 방법을 찾아야 한다. 만일 상사에 대한 반감을 시도 때도 없이 노골적으로 드러낸다면, 이런 감정과 분노가 퇴근해 집에 가서도 전혀 식지 않는다면 그야말로 큰 문제가 아닐 수 없다. 문제가 많은 상사에 대해서는 다음과 같은 감정을 품을 수 있다.

첫째는 분노다. 너무 터무니없거나 부하들을 함부로 대하는 상사 밑에서 오래 일하게 되면, 자신도 모르는 사이에 좌절감이 조금씩 자라나게 된다. 그러다가 그로 인해서 직장에서 난처한 지경에 빠지게 되면 분노가 폭발하는 것은 당연하다. 그러나 이 분노가 여러분의 직장 생활을 포함한 생활 전반에 결코 좋은 영향을 주지 않는다는 데 문제의 심각성이 있다. 분노는 불평을 수반하고 그것을 듣는 다른 사람에게도 영향을 주어 상사에게 좋지 않은 여론을 형성하게 된다. 이것은 의롭지 못한 일일뿐더러 이롭지도 못하다. 성경은 이런 행위를 엄하게 금하고 있다. 내면적인 분노가 괴로움으로 변하기 전에, 외면적으로 분노가 불화로 변하기 전에 이를 지혜롭고 적절하게 해소할 필요가 있다.

둘째는 근심이다. 한동안 나는 잠자리에 들 때마다 한 상사가 떠올라 잠을 이루지 못했던 적이 있었다. 이런 날이 계속되다 보니 신체적으로 이상 징후가 나타나는 것도 무리가 아니었다. 근심이 계속되면 건강에도 좋지 않다. 스스로 제어하지 못할 정도로 근심이 커지면 더욱 그렇다. 스트레스가 계속 쌓인 채 적절하게 해소되지 못하면, 만성이 되어 오히려 무감각해지는 경향이 있다. 직장에서 겪는 긴장감이나 유쾌하지 못한 상황에서 오는 짜증 따위를 적절하게 해소하지 못하면, 업무 중에 돌발적인 실수를 하거나 집중력이 떨어지거나 건강에 이상이 생기는 등 매우 어려운 지경에 빠지게 된다.

셋째는 복수심이다. 복수란 상대방에게 어떤 영향을 미쳐 내가 당한 피해를 완전히 혹은 일부라도 상쇄시키려는 행위를 말한다. 그러나 복수는 또 다른 복수를 낳는 악순환이 반복되기 때문에 상황을 해결하는 데 결코 도움이 되지 않는다.

나는 여러분에게 분명히 권고한다. 절대로 복수하려고 하지 말라.

넷째는 우울함, 수난, 퇴사의 과정이다. 조지(George)는 매장 관리자이다. 회사는 오래전부터 그의 매장에 인원을 보충해 주고, 그를 승진시켜 주고, 새로운 컴퓨터를 배치해 주기로 했지만 그 약속은 지켜지지 않았다. 이 때문에 그는 매우 우울했고, 상당히 움츠러들었다. "이런 상황에서는 아무 일도 할 수 없다. 경영진이 마음을 바꿔 약속을 지키지 않는다면, 나도 나대로 생각이 있다."

어떤 경우에는 자신이 마치 순교자인 양 생각하게 되는 경우도 있다. "이 길밖에 다른 길이 없다면, 기꺼이 고난을 감수하리라." 이런 사고 방식은 문제를 냉정하게 바라보고 해결하는 방법이 아니다. 이 생각은 자기 자신을 필요 이상으로 비참하게 만들거나 자신의 존재를 실제보다 미화시키는 일종의 착각일 뿐이다.

▲▲▲

이렇게 대처하라

위에 열거한 감정과 대응은 문제 해결에 전혀 도움이 되지 않는다. 우리가 선택할 수 있는 방법은 세 가지이다. 문제를 해결하거나 그냥 놔두고 무시하거나 직장을 떠나는 것이다. 만일 여러분이 진정으로 문제를 해결하기 원한다면 하나님의 방법을 따라야 한다. 두려움과 분노에 쌓인 채 그것을 그대로 안고 살아가는 것은 결코 바람직한 삶의 태도가 아니다. 이 책의 앞부분에서 무기력증에 대해서 다루면서 우리는 '목표'와 '희망 사항'의 차이에 대해서 생각해 보았다. 우리는 스스로 어쩔 수 없는 '희망 사항'을 염두에 두는 것이 아니라, 스스로의 노력에 의해서 충분히 성취 가능한 '목표'를 항상 마음속에 품고 있어야 한다. 목표를 설정했으면 그것을 이루기 위한 구체적인 행동 계획을 세우고, 희망을 가지고 기도하면서 그 결과는 전적으로 하나님께 맡겨야 한다. 그분께서 직장에서 일어나는 모든 일들을 인도해 주실 것이라는 신뢰가 필요하다.

그러나 정말 문제 많은 상사와 직접 대화를 통해서 문제를 풀어야 할 필요가 있다면, 다음과 같은 순서를 밟는 것이 성경적인 접근법이라고 생각한다.

준비 작업

첫째, 상사를 위해서 매일 기도하라. 하나님은 그도 동일하게 사랑하신다. 그 역시 구원받을 만한 가치가 있는 존귀한 한 인격체이다. 그의 범사가 잘되기를 기도하라. 그리고 아직 믿는 자가 아니라면 그의 영을 깨워 주시기를 간구하라. 하나님의 뜻에 합당하게 변화되도록 기도하라. 그리고 여러분이 생각할 때 바람직한 모습으로 변화되도록 기도하라.

둘째, 그 역시 많은 스트레스를 받고 있다는 사실을 이해하라. 그의 스트레스의 원인은 다양할 것이다. 그 역시 상사를 모시고 일하는 처지로 업무 마감 시간에 쫓기고 있고 가족 문제로 인해서 고민하고 있는지 모른다. 또 여러분은 전혀 알지 못하는 그만의 고민이 있을지 모른다. 상사를 이해하고 무조건 비판하지 않도록 해달라고 기도하라.

셋째, 직장 일에 관해서 매일 감사하며 기도하라. 상사로 인해서 직장 생활에 스트레스를 많이 받고 있다 해도 여전히 감사할 일은 많다. 하다 못해 꼬박꼬박 월급이 나오는 것으로도 감사할 수 있을 것이다.

넷째, 긍정적인 태도를 보일 수 있도록 기도하자. 우리의 목표는 편안한 마음으로 일할 수 있는 여건을 만들어 좀더 편한 마음으로 열심히 일하고자 하는 것이다. 나에게 기술적인 문제나 대인 관계의 문제 혹은 태도에 문제가 있다면, 밝히 드러내 달라고 기도하자. 이는 상황을 호전시키는 데 큰 도움이 될 것이다.

다섯째, 대인 관계와 관련된 하나님의 말씀을 읽어라. 시편, 에베소서, 빌립보서, 요한복음을 읽어 보라.

여섯째, 자신의 잘못을 하나님께 솔직히 고백하라. 불평, 험담, 고의적인 근무 태만 등으로 상사를 화나게 했거나 난처하게 했다면, 하나님께 용서를 구하고 다시는 똑같은 잘못을 범하지 말라.

일곱째, 상사의 부정적인 행동, 성격, 실수 등을 열거해 보라. 그 가운데 여러분을 섭섭하게 했던 것은 무엇인가? 그중 가장 큰 문제는 무엇인가? 문제의 원인은 무엇인가? 사고 방식과 행동 양식의 차이, 신뢰성의 문제, 가치관의 차이, 업무 지식의 부재, 부정적인 성격 가운데 어떤 것인가? 그것은 상황의 문제인가? 지금도 계속되는 문제인가?

여덟째, 자신의 느낌을 가급적 배제하라. 어떤 상황이 일어나면 여러분은 일차적으로 어떻게 반응하는가? 흥분하지 말고 감정을 냉정하게 유지하라. 상사의 성격이 너무 직선적이고 즉흥적이고 변덕이 심해 그가 여러분에게 무엇을 원하는지 도저히 모르겠는가? 그래도 냉정하라.

아홉째, 어떤 피해를 입었는지 생각해 보라. 정말 기분이 상했는가? 자신이 소외당하고 있다고 생각하는가? 다른 사람들 앞에서 모욕적인 언사를 들었는가? 업무에 지장을 받고 있는가? 불법적인 일을 하라고 강요받고 있는가? 부당하게 비난을 받았는가? 성희롱이나 성폭행을 당했는가? 그의 우유부단함으로 인해 업무를 제때 마감하지 못했는가? 자신이 당한 피해를 열거해 보라.

상담가들을 찾거나 하나님의 권면을 구하라

자신이 당하고 있는 어려움을 털어놓을 수 있는 사람들이 주변에 두세 명 정도 있으면 좋다. 그들이 동료 직장인일 수 있고, 목회자일 수 있고, 믿을 만한 친구일 수 있고, 함께 기도해 줄 수 있는 사람일 수 있다. 그런데 한 가지 유의할 점은 그가 비슷한 처지의 직장인이라면 사정을 잘 이해해 줄 수 있는 이점이 있는 반면, 상담과 조언은 커녕 함께 앉아서 푸념과 불평만 늘어놓고 끝날 가능성이 있다는 것이다. 어쨌든 이런 상담을 통해서 자신의 생각을 일목요연하게 정리해 볼 수 있다.

그들과 솔직한 대화의 장을 만들라. 그리고 자신에 대한 솔직한 평가를 귀담아들어라. 여러분이 잘한 점이든 잘못한 점이든 솔직한 얘기를 들어라. "나에게 문제가 있었던 것은 아닐까?" "내가 잘못 생각한 부분은 없을까?"라고 스스로에게 물어 보라.

가장 믿을 만한 사람에게 격의 없는 솔직한 충고를 해달라고 부탁하라. 상사와 관계를 회복하고 함께 호흡을 맞추어 일할 수 있도록 상황을 바꾸어 가는 작업은 단거리 경주처럼 단시일 내에 해결될 일이 아니다. 그것은 마라톤처럼 장기전이다. 진전은 매우 더디게 진행

될 것이다. 그럴 때마다 운동선수에게 코치가 필요하듯이 나를 관찰하면서 조언해 주고 작전 지시를 해줄 사람이 필요하다. 나도 이 일을 하는 사람 가운데 한 사람이다. "도략이 없으면 백성이 망하여도 모사가 많으면 평안을 누리느니라"(잠 11:14).

이제, 문제의 상사를 만나라

가장 힘든 과정이다. 특히 상대방의 성격이 원만하지 못하고 까다로울 때는 더욱 그렇다. 어떤 상황이 발생할지 모르기 때문이다. 그와의 만남을 위해 약속 장소에 나가기 전에 이 말씀을 묵상하라. "사람의 성내는 것이 하나님의 의를 이루지 못함이니라"(약 1:20). 두려움과 분노는 이 만남을 훼방하는 가장 바람직하지 못한 감정이다.

이 만남의 목적은 문제를 해결하고 하나님께 영광 돌리는 것임을 잊어서는 안 된다. 자신의 행동에 대해서 이제까지 스스로 알지 못했던 것을 발견하고 잘못된 것이 있다면 용서를 구할 마음의 준비를 하라. 그리고 이 만남을 통해서 모든 문제가 잘 풀리면 다행이지만, 오히려 적대감과 상대방에 대한 냉소와 분노가 더 커질 수 있다는 것을 각오해야 한다. 만남의 결과는 양측의 감정적인 상태에 좌우된다. 여러분의 감정은 스스로 어느 정도 제어할 수 있지만, 상대방의 감정은 전혀 제어할 수 없는 부분이다.

먼저 만남에 임하는 자세를 다시 가다듬어라. 이 만남이 서로간의 문제를 해결하기 위한 첫 번째 만남인가? 상사가 여러분이 힘들어한다는 사실을 알아주기를 바라는가? 그 사실을 알게 되었을 때 그가 어떤 반응을 보일지 알고 싶은가? 어쩌면 이 만남이 첫 번째 만남에서 만족할 만한 결과를 얻지 못한 채 이루어지는 두세 번째 만남일 수도 있다. 이번 만남을 통해서 구체적인 문제까지 거론해 어떤 결론을 얻기를 원하는가?

둘째, 만날 장소를 정하라. 다른 일에 신경 쓰지 않고 대화에만 집중할 수 있는 장소를 물색하라. 양측 모두가 편안한 시간과 장소를 택하라. 양측의 선호도와 대화의 분위기 등을 고려해 사무실에서 만날 수도 있고, 커피를 마시면서 만날 수도 있고, 점심식사를 함께 할 수도 있다. 경우에 따라서는 한참 바쁜 사무실에서 업무 시간에 만나는 것도 나쁘지는 않다.

셋째, 만남의 장소로 나가기 전에 기도하라. 그 만남을 인도해 주시고 양측의 감정까지 주장하시도록 하나님께 기도하라. 진실이 밝히 드러나고 하나님의 뜻에 합당한 결과가 나올 수 있도록 기도하라. 하나님의 긍휼을 구하고 세밀한 부분까지 인도해 주시고 해야 할 모든 말을 알려 달라고 기도하라.

넷째, 어떤 식으로 대화를 이끌어 나갈지 구체적으로 생각해 보라. 하고 싶은 말을 하되 상대방을 최대한 존중해 주어야 한다. 설사 상대방이 대단히 비합리적이라 하더라도 그는 엄연한 상사이다. 왜 그를 만나길 원했는지 일목요연하고 간단하게 말하라. 예를 들자면 "나와 주셔서 정말 고맙습니다. 용건을 간단히 말하자면, 저는 새로운 생산 계획에 진심으로 동감합니다. 그러나 그 계획을 수립하는 과정에서 제가 받았던 분노 섞인 질책으로 인해 감정이 격해져 있고 당신에 대한 감정도 상당히 악화되어 있습니다"라고 말할 수 있다.

다섯째, 구체적으로 말하라. "지난 몇 개월 동안 저에게 여러 차례 화를 내셨는데, 왜 그래야만 했는지 자세한 대화를 나누고 싶습니다.

저는 그 때문에 상당히 지쳐 있습니다. 물론 당신도 많이 짜증이 나셨을 것입니다. 특히 지난 목요일에 _____ 일이 있을 때 불같이 화를 내셨습니다. 저도 가능하면 당신의 기대와 요구를 충족시켜 드리고 싶습니다. 그리고 저에게도 _____ 문제가 있음을 솔직히 인정합니다. 그러나 그때 화를 내고 저를 비난하신 것은 좀 지나친 것이 아닌가 생각됩니다."

여섯째, 상사가 무엇을 바라는지 정확하게 파악하라. 그가 여러분에게 무엇을 바라는지 정확하게 파악하라. 나의 업무 수행, 보고, 그에 대한 태도 등에 관해서 무엇을 바라고 있으며 무엇이 마땅치 않은지 정확하게 물어 보라. "저의 업무 수행에 대한 평소의 생각을 말씀해 주십시오. 혹시 제가 개선해야 할 부분이나 불만이 있다면 구체적으로 말씀해 주시기 바랍니다." 그리고 앞으로 어떤 관계가 유지되기를 바라는지 솔직히 밝혀라. "앞으로 제가 혹시 실수를 하게 되면, 저를 따로 부르셔서 구체적으로 뭘 잘못했는지 지적해 주시기 바랍니다."

상대방의 반응이 생각보다 좋지 않을 경우가 있다. 혹은 아예 무응답으로 일관할 경우도 있다. 만일 그렇다면 이제는 또 다른 선택을 해야 한다. 여전히 갈등이 존재하는 그 상황에 적응하고 거기서 만족을 찾기 위해 노력하든지, 아니면 여러분이(혹은 그가) 다른 부서로 자리를 옮길 수 있기를 바라든지, 그것도 아니면 다른 직장을 찾아봐야 한다.

일곱째, 다음 단계나 다음 만남을 구상해 보라. 만남이 끝난 후 이제껏 자신을 이해해 주고 충고해 주고 기도해 주었던 가까운 사람들을 만나 다음 단계에 대해서 상의하라. 어쩌면 상사는 자신에 대한 구체적인 불만과 희망 사항이 무엇인지, 업무에 관해서 자신보다 더 좋은 생각이 있다면 그것이 무엇인지 구체적으로 적어서 제출해 달라고 요구할 수도 있다.

까다롭고 짜증스러운 상사를 만났을 때 어떤 일이 일어날 수 있을까? 여기 몇 가지 예가 있다.

- 상사의 신임을 잃고 여러분의 의견은 묵살될 수 있다.
- 해고될지 모른다.
- 공공연하게 혹은 은밀하게 부당한 대우를 받게 될지 모른다.
- 특별하게 변하는 것은 없을 수 있다.
- 오히려 전화위복이 되어 상황이 좋아질 수 있다.

악화될 수도 좋아질 수도 별 변화가 없을 수도 있다. 그러나 중요한 것은 그에게 최선을 다해 예의를 갖추었고, 갈등을 해결하기 위해 노력할 만큼 했다는 것이다. 짧은 시간 안에 모든 것이 원하는 대로 해결되리라고는 기대하지 말라. 그러나 갈등이 존재하는 한 끝까지 기도를 계속하라. 최소한 성취 가능한 목표는 이룰 수 있을 것이다. 아직도 이루지 못한 부분은 전적으로 하나님께 맡겨 드리는 겸손으로 해결할 수밖에 없다.

앞에서도 말했듯이 괴팍한 상사를 대할 때는 더욱 그에 대한 태도에 신경을 써야 한다. 그리고 항상 하나님께 마음을 열어 놓아야 한다. 하나님은 그를 변화시키고 필요하다면 여러분도 변화시킬 것이다.

쉽게 풀기 어려운 상황에 부닥칠 때마다, 그것을 해결해 갈 때마다 스스로의 인격이 성장하고 하나님의 영광을 무엇보다 우선해서 생각할 때 하나님과의 관계도 훨씬 친밀해질 것이다.

 함께 이야기합시다

1 여러분은 직장 상사와의 관계에서 해결해야 할 문제가 없는가?

2 그 문제의 원인이 무엇인지 생각해 본 적이 있는가?

3 이 문제를 해결하기 위해 어떤 단계적인 계획을 세워 보았는가?

갈등 *6*

믿음과 삶이 일치하지 못할 때

최근에 로드(Rod)는 엔지니어링 회사의 사장으로 채용되었다. 그런데 취임한 지 얼마 지나지 않아 과거에 종결된 어떤 프로젝트에서 중대한 결함을 발견하게 되었다. 그는 이 문제를 해결하기 위해서는 수천 달러의 비용을 추가로 투입해야 한다고 회사의 소유주에게 보고하였다.

회사의 소유주는 이렇게 말했다. "잊어버려요. 고객들 중에 그 사실을 눈치챈 사람들은 아무도 없어요."

상담해 본 결과 그는 회사일 말고도 많은 일로 스트레스를 받고 있었다. 매월 집세로 나가는 돈도 만만찮을뿐더러, 취임한 지 얼마 되지 않다 보니 자신이 겪는 문제에 대해 상의할 수 있는 동료도 별로 없었다. 게다가 많은 보수를 받는 만큼 회사의 성장에 대해서 그에게는 기대도 상당히 부담스러웠다. 그러나 진짜 문제는 따로 있었다. 그는 지금 중대한 고민을 하고 있었다. 회사 소유주의 권위 앞에서 자신의 의사를 굽혀야 하는지, 아니면 자신의 주장을 당당하게 피력해야 하는지 갈피를 못 잡고 있었다.

결국 로드는 새롭게 찾아낸 문제를 바로잡기로 결심했다. 그러나 다시 한번 소유주의 반대에 부딪혔다. 그는 이런 소유주의 방침을 승복하지 못하고 아무 대책 없이 사직하고 말았다.

로드의 결정에 대해서 어떻게 생각하는가? 그 상황에서 여러분이라면 어떻게 행동할 것인가?

▲▲▲

총체적인 삶이란?

개인적으로 에릭 리델(Eric Liddell)에 대한 이야기는 아무리 들어도 싫증이 나지 않는다. 그는 1924년에 열린 파리 올림픽에 영국의 육상 대표로 출전하였으나, 경기가 주일에 열린다는 이유로 출전을 포기했다. 그야말로 신념에 따라 행동했던 사람이었다. 여러분은 믿음과 삶이 일치하는 사람인가?

이 질문에 대해서 "예"라고 대답할 사람들이 많을 것이다. 그러나 이것은 그리 간단한 문제가 아니다. 우리들 대부분은 이런 총체적 삶을 당연하게 여기겠지만, 막상 삶의 현장에서 자신의 이해 관계와 신념이 부딪힐 때 심각한 갈등을 겪게 된다.

간단히 말하자면 총체적인 삶이란 자신의 믿음과 소신에 따라 일관성 있게 행동하는 것이다. 이런 삶을 사는 사람은 생각과 말과 행동으로 자신의 신념을 보여 주는 사람이다.

- 성격 : 매우 고매하고 매사에 물 흐르듯 함.
- 예의 : 위엄과 공손.
- 명예 : 존경스러움.
- 원칙 : 법과 규칙, 자기 원칙에 충실함.

최근에 내가 본 어느 잡지에서는 이런 총체적인 삶을 조건적인 것과 의도적인 것으로 구분하고 있다.

조건적인 총체적 삶이란 "금전적으로나 정신적으로 큰 피해가 없는 한 믿음과 소신에 따라 행동하겠다는 태도다." 그렇다면 로드의 경우는 의도적인 총체적인 삶이라고 할 수 있다.

무엇이 기준인가?

총체적인 삶을 살기 위해서는 우선 자기 나름대로의 기준을 세워야 한다. 우리가 그리스도를 따르기로 결단했다면, 행동을 지배하는 원칙과 기준은 당연히 성경이다. 총체적인 삶을 살려고 하는 사람들은 행동의 결과가 설사 불리하더라도 신념을 굽히지 않으며, 자신에게 유리하도록 상황을 의도적으로 몰아가지 않고, 그로 인해서 입을 손해를 스스로 감수하려는 자세를 견지한다.

어떤 윤리적인 결정을 내리고자 할 때 그는 자신에게 "무엇이 옳은 일인가?"라고 자문할 것이다. 만일 거기에 덧붙여서 "이렇게 행동하면 어떤 결과가 나타날까?"라고 자문한다면, 그는 다분히 '조건적으로 총체적인 삶'을 살고자 하는 사람이라고 할 수 있다. 사업가들의 세계적 모임인 로터리 클럽은 4대 행동 원칙을 정해 놓았다.

- 그것은 옳은 일인가?
- 그것은 누가 봐도 정당한가?
- 그것은 친선과 우정을 도모하는 데 도움이 되는가?
- 그것은 모두에게 유익한가?

이 모임이 기독교 정신에 입각해 세워진 단체는 아니지만, 이 원칙만큼은 지극히 성경적이다. 우리의 믿음과 정반대의 결정을 내리고 행동해야 할 때 갈등은 필연적으로 발생하게 된다.

특히 경제적인 손익이 끊임없이 발생하는 시장에는 이런 갈등의 소지가 늘 존재하며, 그 현장에서 어떤 결정을 내리는가는 여러분의 믿음과 신념에 달려 있다. 작은 문제에 대하여 어떤 결정을 내리는가 하는 것은 매우 중요하다. 작은 문제에 신념을 굽히는 사람은 절대로 큰 문제 앞에서 신념에 따라 행동할 수 없기 때문이다. 이렇듯 총체적인 삶을 살려는 사람들에게 나타나는 특징은 다음과 같다.

- 한번 한다고 말한 것은 반드시 실천한다.
- 실수를 변명하기 위해 거짓말하지 않는다.
- 자신의 잘못을 분명히 시인한다.
- 행동과 대인 관계에 일관성이 있다.
- 다른 사람을 사랑과 위엄과 존경으로 대한다.
- 자신의 이해 관계와 상관없이 도덕적인 관점에 따라 모든 결정을 내린다.
- 모든 일에 명분과 과정을 중요하게 여기며, 방침이나 규칙에 충실하다.

- 신의를 중요하게 여긴다.
- 다른 사람을 속이거나 기만하지 않는다.

이 시대에 총체적인 삶이 중요한 이유는?

오늘날 산업사회는 급격히 변하고 있으며, 그 변화의 속도는 더욱 빨라지고 있다. 위로는 최고 경영자에서부터 아래로는 말단 생산직 노동자에 이르기까지 일로 인해 겪는 스트레스는 엄청나다. 정해진 시간과 자본으로 최대한의 결과를 얻어야 한다. 대개의 경우 열심히 일하는 노동자의 임금은 일정한데 최고 경영자들은 엄청난 부를 쌓는 현실이 부당해 보인다. 이런 피해 의식이 좀더 발전하면 불법적인 태업으로 발전할 수 있다. 업무상 실수나 지연을 감추기 위해 변명하고 거짓말하고 다른 사람을 모함할 수 있다. 또 회사의 목표를 달성하기 위해서라면, 설사 그것이 불의한 일이라 할지라도 수단과 방법을 가리지 않아야 한다고 생각하는 사람도 있다.

레오(Leo)는 상당히 규모가 큰 법률회사에서 일하고 있다. 그는 소송과 관련된 업무를 매우 훌륭하게 처리해 직장 안에서 유능한 직원으로 인정받고 있다. 그러나 이 평판으로 인해서 그에게는 더 많은 업무가 주어지게 되었다. 이 때문에 큰 딜레마를 느끼고 있었다. 그는 나에게 말했다. "제가 고객들의 문제를 분석하고 연구하고 상담해주기 위해서 할애할 수 있는 시간이 고객 한 사람당 한 달에 불과 몇 시간밖에 되지 않습니다. 그 정도 시간으로는 고객들에게 만족스러운 서비스를 해줄 수가 없죠. 법적으로는 전혀 문제될 것이 없지만,

그리스도인의 양심에 비춰 볼 때 참으로 가책이 많습니다." 레오는 결국 자신의 소신에 따른 가책을 견디지 못하고 사직하고 말았다.

현대는 개인 중심적인 풍조가 만연하는 시대이다. 대부분의 사람들은 조건에 따른 총체적인 삶을 살고 있다. 그렇기 때문에 이런 삶을 둘러싼 갈등이 일어날 수밖에 없는 것이다.

의도적으로 총체적인 삶을 추구하려면, 그것이 큰 일이든 작은 일이든 심각한 도전에 직면할 수밖에 없다. 아래에 몇 가지 예를 들어 보기로 하겠다.

- 자신의 결점으로부터 사람들의 주의를 돌리기 위해 본의 아니게 동료들을 난처한 지경에 빠뜨리는 경우.
- 자신이 한 일을 더 부각시키기 위해 동료들이나 상급자의 정당한 지적을 차단해야 할 경우.
- 사소한 실수를 덮기 위해 선의의 거짓말을 해야 할 경우나 큰 실책을 감추기 위해 악의적으로 사실을 왜곡해야 할 경우.
- 고객을 위해서 해야 할 일을 제대로 하지 않았으면서도 마치 많은 일을 한 것처럼 과장하는 경우나 고객들에게 정말 필요한 일을 하지 않은 경우. 이런 일은 변호사나 공인회계사부터 시작해서 자동차 수리나 정비사에 이르기까지 비일비재하다.
- 잘못을 감추기 위해 고객이 눈치채지 못한 실수를 방치하는 경우. 예를 들어 청구서의 금액이 과다하게 청구된 경우가 있을 수 있다.
- 다른 사람이 한 일을 마치 자신이 한 일처럼 업적을 과대 포장하는 경우.

- 고객이 지불한 금액에 비해서 물건을 덜 주거나 충분한 서비스를 해주지 않는 경우.
- 상당한 돈을 벌었으면서도 거래선이나 직원들에게 사례비나 상여금을 제대로 지급하지 않는 경우.
- 세금을 덜 내기 위해 회사의 실적을 실제보다 축소하여 신고하는 경우.
- 연필, 종이, 각종 소품 같은 소모품이나 시외 전화, 복사기 같은 회사의 비품을 개인적인 목적으로 사용하는 경우.

왜 총체적인 삶을 살지 못하는가?

총체적인 삶을 살기 힘든 몇 가지 이유를 소개하면 다음과 같다.

첫째, 확신의 부족 때문이다. 아직 자신이 어떤 믿음을 가지고 어떻게 행동해야 할지를 확실하게 정하지 못한 사람들이 있다. 이들이 이처럼 원칙에서부터 오락가락하는 것은 하나님이 성경을 통해서 이미 우리에게 주신 삶의 원칙을 제대로 알지 못하거나 이해하지 못하기 때문이다.

둘째, 하나님을 신뢰하지 못하기 때문이다. 때로는 참으로 훌륭한 결단을 하고 그에 따라 행동했지만, 결과는 매우 좋지 않은 경우가 있다. 이때 하나님을 더욱 전적으로 신뢰하지 않으면 자신의 가치관을 의심하고 신념을 버리거나 바꾸게 된다.

셋째, 욕심과 시기심 때문이다. 우리가 가진 것보다 더 많은 것을 원하고 뭔가 다른 것을 바랄 때 그 마음은 욕심과 시기심으로 나타나며, 이것들은 매우 부정적인 감정을 유발한다. 위에 열거한 것 가운데 당연히 내야 할 세금을 장부 조작으로 축소한다든가 하는 것은 그 대표적인 예다. 물론 사람들은 "현실에 비해서 세금이 너무 과하다"든지, "다른 사람도 다 그런 식으로 세금을 줄인다"든지 하는 구실로 자신의 의도와 행위를 합리화한다. 그러나 이런 변명은 다른 사람을 낮추어 자신의 명분을 합리화하려는 것에 불과하다.

넷째, 자기 보호 때문이다. 다른 사람의 시선이나 실패를 두려워하거나 그 밖의 다른 이유로 자신이 없어질 때 우리는 총체적인 삶을 살 수 없게 된다. 나는 자신이 저지른 일에 쏟아질 징계와 질책이 두려워 거짓말을 했다가 해고당한 사람들을 상당히 많이 만나 보았다.

▲▲▲

신뢰 쌓기 : 마음을 열고 정직하게 행함으로

다른 사람들로부터 신뢰를 얻기 위해서는 항상 일관성 있는 태도로 자신의 믿음과 소신에 따라서 행동해야 한다. 나 역시 스스로 정직해지기를 원하는 사람이지만, 실수를 범했을 때 이를 인정하고 시인하는 것이 말처럼 쉽지 않음을 절감하고 있다. 그래서 나도 모르는 사이에 별것도 아닌 선의의 거짓말로 순간을 모면하려는 경우가 많다. 실패를 좋아하는 사람은 아무도 없다. 그러나 본의 아니게 실패나 실수를 했을 때는 다음과 같이 대응해야 한다.

- "생각했던 것과는 다른 결과가 나왔습니다. 제 잘못을 솔직히 인정하고 사과드리며, 다시는 같은 일이 재발하지 않도록 노력하겠습니다."

- "제가 너무 안일하게 대처했다가 실패했습니다."
- "일을 하는데 필요한 연장을 잃어버렸어요. 어제까지 있었는데 어디로 사라졌는지 모르겠습니다."
- "그것은 제 책임입니다. 왜 일이 잘못되었는지 충분한 시간을 두고 분석해 보겠습니다."
- "정말 죄송합니다. 제가 깜빡 있고 제때 전화를 못했습니다. 저 스스로도 이해를 못하겠습니다. 저의 사과를 받아주시기 바랍니다."
- "앞으로는 이런 일이 없도록 노력하겠습니다. 이번에 잘못된 부분도 빠른 시일 안에 보완하겠습니다. 변명의 여지가 없습니다." (충분히 항변하고 변명할 여지가 있다 하더라도 이렇게 대답해야 한다.)
- "이 사고는 충분히 사전에 막을 수 있었습니다. 지금이라도 즉시 보수하겠습니다."
- "제 상사는 제때 보고서가 올라오지 않는다 하여 지금 상당히 화가 나 있습니다. 보고서가 제때 작성되지 못한 것은 전적으로 제 책임입니다."

▲▲▲

총체적인 삶을 살 때의 유익함

뿌린 대로 거둔다는 말이 있다. "스스로 속이지 말라 하나님은 만홀히 여김을 받지 아니하시나니 사람이 무엇으로 심든지 그대로 거두리라. ···우리가 선을 행하되 낙심하지 말지니 피곤하지 아니하면 때가 이르매 거두리라"(갈 6:7, 9). 우리가 진정으로 총체적인 삶을 살고 싶다면 부정직하게 살아서는 안 된다. 오히려 용서를 구하거나 반대로 주변의 입방아에 초연하고 당당할 수 있을 것이다.

사람들이 여러분을 총체적인 삶을 사는 사람이라고 인정해 주고 있다면 여러 모로 유익하다.

첫째 유익은 믿음과 존경이 따라온다. 사람들이 우리를 원칙에 따라 행동하며 명예를 중시하는 사람으로 생각한다면, 우리를 신뢰하고 존중할 것이다. 주변 사람들이 여러분을 이렇게 인식한다면, 직장에서 일하는 데도 여러 모로 유익할 것이다.

둘째 유익은 책임감 있는 일을 맡게 된다. 총체적인 삶을 사는 사람은 언젠가 인정받기 마련이고 더 큰 책임을 맡게 된다. 특히 회사의 소유주가 도덕적인 사람일수록 이들을 회사의 비전을 이룰 사람으로 큰 기대를 하게 된다. 그는 이들이 회사의 유형, 무형의 재산을 지켜 줄 사람이라고 믿는다.

셋째 유익은 하나님과의 관계가 바로 서 있게 된다. 총체적인 삶을 사는 그리스도인이란 항상 하나님께 영광 돌리며 사는 사람이다. 하나님은 이들을 그분의 '크신 오른팔'로 보호하신다. 시편 기자는 이렇게 노래하고 있다. "여호와의 산에 오를 자 누구며 그 거룩한 곳에 설 자가 누군고 곧 손이 깨끗하며 마음이 청결하며 뜻을 허탄한 데 두지 아니하며 거짓 맹세치 아니하는 자로다 저는 여호와께 복을 받고 구원의 하나님께 의를 얻으리니"(시 24:3~5).

완벽한 사람은 아무도 없다. 사람은 누구나 실수를 할 수 있다. 그러나 감사할 것은 하나님의 계획 가운데서 우리가 그분을 찾을 때, 우리의 죄까지 덮어 주시는 것도 포함되어 있다는 점이다.

넷째 유익은 마음의 평화와 자기 존중이다. 스스로 감출 것이 없는 사람은 허물이 될 만한 것을 숨겨야 한다는 마음의 압박에서 벗어날 수 있다. 평생을 죄책감에서 벗어나지 못하고 사는 것만큼 괴로운 일은 없으며, 이런 심리 상태가 계속되는 한 스스로 총체적인 삶을 산다는 것은 불가능하다.

　여러분이 의도적으로 총체적인 삶을 사는 사람이라면, 어떤 경우에도 최악의 상황은 일어나지 않을 것이라고 장담할 수 없다. 총체적인 삶을 살기 위해 타협하지 않으려는 노력 때문에 실직할 수도 있다.

　또 경우에 따라서는 이런 사람이 타협할 줄 모르는 고집불통으로 매도될 수도 있다. 예를 들어 아래의 경우 동료로부터 따돌림을 받을 수도 있다.

- 고객들에 대한 청구 금액을 부풀리는 관행을 혼자만 거부할 때.
- 다른 사람의 실수를 덮어 주려는 것을 혼자만 거부할 때.
- 동료들이 모두 커피를 마시며 쉬고 있는 시간에 혼자 일에 몰두할 때.
- 장비가 분실된 뒤 원인을 철저히 규명하지 않고 대충 넘어가려는 것을 혼자만 거부할 때.
- 융통성이 부족한 상사를 따돌리려는 동료들의 움직임에 혼자서 동참하지 않을 때.
- 근무일시를 사실과 다르게 작성하는 것을 거부힐 때.

　어느 누구도 따돌림당하고 싶어하는 사람은 없을 것이다. 이런 상황을 통해서 하나님에 대한 신뢰가 적나라하게 드러난다.

　개인적인 신념과 현실 사이에서 고민하는 사람들에게 다음과 같이 충고해 주고 싶다.

- 문제를 인정하라. 그리고 가끔씩 자신이 현실과 타협하는 경우가 있을 때마다 메모해서 목록을 작성해 보라.
- 자신의 원칙과 신념을 다시 한번 확인하는 시간을 가져라. 그리고 현실과 타협하고 원칙을 위반할 때마다 반성하는 시간을 가지고, 왜 원칙을 지키지 못했는지 구체적으로 적어 보라.
- 자신의 죄를 하나님께 고백하고 용서를 구하라.
- 동료들에게도 용서를 구하라. 여러분의 행동이 감정적으로나 신체적으로나 재정적으로 누군가에게 피해를 입혔다면, 가능한 한 보상을 해주라.
- 상담가나 함께 기도해 줄 수 있는 사람을 찾아가 현재의 상황에 대해서 충분히 상담하고 자신에게 잘못된 습관이 있다면 고칠 수 있도록 하라. 새로운 습관을 들이려고 한다면, 우선 자기 자신부터 납득시켜라. 잘못된 습관을 바로잡기 위해 노력하라.

문제를 해결하는 과정에서 고통이 따르겠지만, 죄책감 때문에 뜬 눈으로 밤을 지새는 것보다는 훨씬 낫다.

문제 있는 사람을 대할 때

주택 청소업체에 근무하는 짐(Jim)은 함께 일하는 동료가 고객의 집에서 청소를 하면서 찬장에서 막대사탕 하나를 슬쩍하는 것을 목격했다. 그럴 때 여러분이라면 어떻게 할 것인가? 동료를 야단쳐야 하는가? 아니면 회사에 보고해야 하는가? 그것도 아니면 모르는 척하고 넘어가야 하는가? 삶의 원칙에 따라 행동도 달라질 것이다.

개인적인 견해지만 우리가 주변에서 특별히 가까운 사람이 믿음과 삶이 일치하는 삶을 살지 못하고 타협하는 것을 본다면, 바로잡아 주어야 할 책임이 있다고 생각한다. 그렇게 하지 않으면 주변에서 이루어지는 불법과 비도덕적인 행동으로 인해 자신의 명예까지도 훼손당하는 수가 있다. 특히 그들이 우리와 같은 그리스도인이라면 성경을 바탕으로 권면할 수 있다. 또 그들이 그리스도인이 아니라면 보편적인 진리와 사회적 규범과 실정법을 토대로 대응할 수 있을 것이다.

그러나 '겉으로만 독실한 체하는 자'들의 일방적인 설교는 전혀 효과가 없을뿐더러 본질에서 벗어나기 쉽다.

동료들이나 가까운 사람들의 불법과 잘못을 목격했을 때는 다음과 같이 행동하기 바란다.

- 먼저 그들의 행동이 왜 잘못된 것인지 알아들을 수 있을 만큼 충분히 설명해 주라. 여러분이 무엇을 보았고 왜 그것이 잘못되었다고 생각하는지 자세히 설명해 주라.
- 잘못을 지적하되 사랑과 위엄을 가지고 상대방을 존중하는 태도로 하라. 겸손하게 지적하되 판단과 결론을 내리지는 말라. 그리고 적당한 대안을 제시하라.
- 그가 스스로 문제를 해결할 수 있도록 도와주라.
- 그를 만나 문제를 지적하고 시정을 촉구하기 전에 그를 위해서 기도하라. 만남이 이루어지고 있는 동안에도 마음속으로 기도를

멈추지 말고 만난 뒤에도 기도하라.
• 만일 보고하여 공론화했을 때 너무 큰 파장이 예상되는 경우라
면, 하나님의 인도를 구하라.

▲▲▲

타협을 요구당할 때

행크(Hank)는 전자회사의 고객 서비스 요원으로 일하고 있다. 그
는 어느 순간 자신이 현실과 너무 타협하고 있는 것이 아닌가 하는
생각이 들었다. 상사는 그에게 고객을 가장하고 전화를 걸어 경쟁사
의 사정을 정탐해 오라고 지시했다. 행크는 그 지시를 받고 상당한
심리적 갈등을 느꼈다. 오랜 고민 끝에 다음과 같이 행동했다. 그의
행동은 비슷한 상황으로 자주 고민하는 우리에게 좋은 모델이 될 것
이라고 생각한다.

• 우선 그는 기도했다. 하나님의 인도를 구하고 상사를 만날 때 그
의 마음을 주장해 주시도록 기도했다. 그리고 해결 방법을 알려
달라고 기도했다.
• 행크는 상사의 지시가 부당한 이유를 설명했다. "저는 누군가를
속이는 것은 매우 부정한 행동이라고 생각합니다. 비록 그것이
당신이나 회사에 유익을 가져다 준다 하더라도, 저는 당신의 지
시를 따를 수 없습니다."
• 상사의 생각을 이해하기 위해서 노력했다. "혹시 그 생각이 전혀
비도덕적이지 않다고 생각한다면, 그 이유를 설명해 주시기 바

랍니다. 그리고 그 정보가 왜 필요한지와 우리 회사에 어떤 도움을 주는지 알려 주시기 바랍니다."

• 대안을 제시한다. 그러기 위해서는 목적하는 바를 이루기 위한 전혀 다른 방향의 접근이 필요하다. "그것이 극비 사항이 아니라면, 그들에게 저의 신분을 밝히고 협조를 구하면 필요한 정보를 알려 줄지 모릅니다. 그리고 그 정도의 자료라면 굳이 그들에게 전화하지 않고도 도서관이나 관련 기관이 보유하고 있는 공개적인 자료를 통해서도 얻을 수 있을 것입니다."

• 만일 그런데도 상사가 계속해서 자신의 생각을 고집한다면, 그는 회사를 그만두거나 좌천되거나 심지어 해고당하는 것도 각오하고 있었다.

다행히 상사는 행크의 생각을 기꺼이 받아들였다. 총체적인 삶을 살고자 하는 데서 생기는 갈등을 해소하는 과정에서 이와 같이 독창적인 대안 제시가 갈등 해소의 중요한 돌파구가 될 수 있다.

여기서 여러분의 성격은 어떤 역할을 하는가? 매일 타협의 유혹을 받을 때마다 우리는 자신의 성격에 대해서 생각해 보게 된다. 하나님을 따르고 성결하고 구별된 삶을 살려는 노력을 통해서 바람직한 성격이 형성될 것이다. 불완전한 한 인간이 바른 원칙과 신념을 세우고 시키기 위해서는 하나님의 은혜와 용서기 반드시 필요하다.

하나님께 감사하며, 날마다 총체적인 삶을 살아갈 수 있기 바란다.

 **함께 이야기합시다**

1 스스로 옳다고 생각했던 것과 다르게 행동해야 하는 경우가 있었는가? 어떤 상황이었는가?

2 과거에 무조건적으로 총체적인 삶을 살기보다 의도적으로 총체적인 삶을 살려고 했던 적이 있었는가?

3 과거에 의도적으로 총체적인 삶을 살았다면, 그 결과는 어땠는가?

4 주변에서 총체적인 삶을 살지 못하고 현실과 타협하는 사람이 있는가? 그들에게 어떤 책임감을 느끼지 않는가?

How a Man Handles Conflict at Work

갈등 **7**

은밀한 성적 유혹

　지금 로버트(Robert)는 업계 모임을 마치고 비행기로 미대륙을 가로질러 돌아오고 있는 중이다. 그는 모임에서 열 명의 업계 전문가와 함께 열띤 토론을 벌였는데, 그들 가운데 두 사람은 아주 매력적인 여성이었다. 하루 종일 함께 시간을 보내다 보니 그들과도 스스럼없이 친해지게 되었다. 로버트는 그들 중 브랜다(Brenda)라고 하는 여성과는 옆자리에 계속 앉아 있었기 때문에 특히 가까워졌다. 모임 도중 저녁 시간을 이용해서 두 사람씩 한 조를 이루어 주어진 주제를 놓고 일대일 토론을 하는 순서가 있었는데, 그는 공교롭게도 브랜다와 한 소를 이루게 되었다.

　일대일 토론을 할 시간과 장소를 정하려고 하는데 브랜다가 제안했다. "저녁 7시에 당신 방으로 갈까요?" 로버트는 아무 생각 없이 대답했다. "그래요. 7시에 보죠." 그리고 하루 종일 아무 생각 없이 지냈는데 6시가 다 될 무렵 불현듯 이상한 생각이 들었다. 과연 호텔

객실에서 단 둘이 만나는 것이 온당한 일인가?

머리 속으로 그리 좋은 장면이 상상되지 않았다. 뭔가 잘못된 것 같았다. 과연 아무 일 없이 토론만 하고 헤어질 수 있을까? 뭔가 불미스러운 일이 일어날 가능성은 전혀 없는 것일까? 여러분이 로버트의 입장이라면 어떻게 할 것인가? 이왕에 잡힌 일정이니 그대로 밀고 나갈 것인가? 아니면 그녀에게 전화를 걸어 시간과 장소를 변경할 것인가? 좀더 중립적인 장소를 선택해야 하지 않을까?

분명한 선 긋기

알렉스(Alex)는 언제부터인지 여비서에게 매력을 느끼기 시작했다. 그런데 그녀는 이미 결혼한 여성이었다. 그녀는 매우 아름답고 능력 있는 여성이었지만, 왠지 연약해 보이고 보호 본능을 불러일으키는 사람이었다. 최근엔 여비서와 대화를 나누면서 자연스럽게 그녀의 어깨에 손을 올리고, 자주 사무실로 그녀를 부르고, 때로는 대화를 나누면서 그녀의 머리를 쓰다듬곤 했다. 이 상황은 불장난으로 발전될 소지가 다분하다.

남성과 여성이 같은 사무실에서 일하며 늘 함께 있게 될 경우, 상대방에게 정서적·육체적인 면에서 매력을 느끼게 될 수 있다. 상대방을 보면서 심장의 박동을 강하게 느낀다면, 위험 신호로 받아들일 필요가 있다. 만일 하나님께 영광을 돌리며 사는 사람이라면, 직장 동료에 대한 생각과 행동에 분명한 선을 그어야 할 필요가 있다.

바른 관계, 잘못된 관계

어떤 것이 잘못된 관계인가? 대답은 간단하다.

- 결혼한 남성이라면 : 아내가 아닌 여성에게.
- 결혼을 안 한 남성이라면 : 결혼했거나 할 예정인 여성에게 이성의 감정을 느낀다면, 그것은 명백한 잘못이다.

아무래도 남녀 관계는 남성이 이끌어 가는 경우가 많은데, 남성은 여성과는 달리 자신의 마음을 스스로 알 수 있다. 즉 자신이 어떤 여성에 대해서 필요 이상으로 오랫동안 많은 생각을 하고 있다든지 그녀에게 특히 많은 농담을 건네게 되면, 누구보다도 자신이 그 사실을 자각하게 된다.

세일즈맨인 제리(Jerry)는 이미 결혼한 두 아이의 아버지이고 교회에서도 다양한 활동에 참여하는 모범적인 가장이었다. 쉐릴(Cheryl)은 제리의 거래처에서 일하는 여성으로 그의 영업 활동에 많은 도움을 주었다. 어느 날 제리는 자신의 영업 활동에 대한 자문을 구한다는 구실로 쉐릴에게 점심식사를 함께 할 것을 제안했다. 그러나 왜 꼭 그녀의 자문을 받아야만 하는지에 대해서는 스스로도 납득하지 못했다. 점심식사는 두 시간이 넘게 계속되었고, 그중 절반 정도는 업무와 관련된 대화를 나누었다. 그녀는 자신의 목표, 일에 대한 야심, 승진 등에 대해 많은 이야기를 했고 그는 자신의 신변 문제, 특히 아내와의 문제에 대해 이야기했다. 쉐릴은 그의 입장과 처지를 충분히 이해한다고 동정 어린 충고를 해주었고, 제리는 그녀의 조언에 감동을 느꼈다. 다음날에도 그들은 만나 커피를 마셨고 그런 만남을 계속 추구했다.

쉐릴과의 관계는 제리의 결혼 생활에 많은 악영향을 미쳤고 지금은 상당히 후회하고 있다. 그러나 그는 그들의 관계를 제자리로 돌려놓기에는 이미 너무 늦었으며, 앞으로 그들의 관계가 얼마나 발전되고 지속될지 몰라 괴로워하고 있다.

'추구하다' 라는 단어에는 어떤 관점을 지지해 그에 따르고, 이루기 위해 노력한다는 의미가 있다. 그러기 위해서는 나름대로의 분명한 계획과 행동이 필요하다. 대부분의 경우는 순수한 목적으로 출발할지 모른다. 처음에는 서로 '깊은 대화' 를 주고받는 정도일 것이다. 그런데 이 관계가 서로 정신적으로 의지하고 깊이 이해하는 관계로 발전할 수 있다. 이런 상호 신뢰는 특별한 변수가 없는 한 점점 커지고 깊어진다. 그리고 이 관계는 장차 은밀한 장소에서 키스를 주고받거나 더 깊은 신체적 접촉을 하는 바람직하지 않은 관계로 발전할 가능성이 많다. 문제가 터진 뒤 대부분의 사람들은 이렇게 말한다. "처음부터 그럴 의도는 없었다."

▲▲▲

불륜 관계가 진행되는 8단계

직장에서 일하는 동료와 넘어서는 안 될 선을 넘는 사람을 보면, 대개 다음과 같은 수순을 밟는다.

첫째, 첫 만남 때 호감을 느낀다. 어떤 이유로 인해 새로 부서에 배치 받은 이성에 대하여 초면에 호감을 느낄 수 있다. 머릿결, 웃음,

눈빛 등 호감을 유발할 만한 요소는 얼마든지 있다. 그리고 가끔 다시 보고 싶은 충동도 있다.

여기서 끝난다면 이 반응은 전혀 잘못된 것도 아니고 부자연스러운 것도 아니며 나쁠 것도 없다.

둘째, 자꾸 다시 바라보게 된다. 여기서 그치지 않고 상대방을 다시 바라보게 되며 그 또는 그녀가 자주 자신의 사무실에 들어오기를 바란다. 이 단계로 발전한다면 이유는 여러분이 상대방을 필요 이상으로 생각하기 때문이다. 그렇다면 이미 여러분은 지켜야 할 선을 넘고 있는 것이다. 여기서 멈추지 않으면 위험한 지경에 빠질 수 있다. 이쯤에서 상대방과의 접촉을 끊거나 최소화하기 위해 노력해야 한다. 어쩌면 자기 자신을 훈련시킬 좋은 기회인지 모른다.

셋째, 상대방을 만날 생각을 한다. 다음 단계는 그 또는 그녀와 가까워지기 위해 여러 가지 방법을 모색하는 단계이다. 상대방의 일과를 자세히 파악하고 거기에 맞추어 자신의 일정을 조정하여 가능한 한 자주 마주칠 수 있는 여건을 만든다. 혼자서도 충분히 해결할 수 있는 문제임에도 불구하고 상담을 한다는 구실로 만나자고 전화를 걸 수도 있다. 또 가능하면 분위기 있는 곳으로 약속 장소를 정할지 모른다. 이쯤 되면 머리 속에 상대방의 생각으로 가득 차 있음을 발견할 것이다. 그리고 정도가 심하면 상대방을 생각할 때마다 삶의 활력을 느끼기도 한다. 시급이라도 합리적인 이성을 되찾고 '징말 상대방이 나에게 필요한 존재인지' 다시 한번 생각해 봐야 한다.

넷째, 합리화한다. 마음속에 일어나는 자책감을 잠재우기 위한 자기 합리화가 시작된다. "그는 단지 좋은 친구일 뿐이다. 불미스러운 일은 일어나지 않을 것이다." "나는 단지 대화 상대가 필요할 뿐이다." "아내는 집안일밖에 모르고, 그 일로 바쁘기 때문에 직장에서 일어나는 복잡 미묘한 일들을 이해할 수 없다."

어쩌면 이미 마음으로는 간음죄를 범하고 있는지 모른다. 아직도 늦지 않았다. 지금이라도 이런 오류와 잘못에서 돌이켜서 빠져 나올 수 있다. 그러나 이전의 세 단계보다는 더 큰 각오와 결단이 필요하다. 상대방과의 접촉을 줄이기 위해서 다른 부서로 자리를 옮기든지 어쩌면 새 직장을 알아봐야 할 수도 있다. 만일 여러분이 기혼자라면 전문 상담가를 찾아서 자신의 결혼 생활을 전반적으로 점검해 보고, 배우자와의 사이에 긴장과 불화는 없는지 생각해 봐야 한다.

다섯째, 행동으로 옮긴다. 적당한 기회만 주어진다면 언제든지 행동에 옮길 수 있는 단계이다. 차를 함께 마신다거나 점심이나 저녁을 함께 하는 정도의 접촉은 이미 자연스러우며, 함께 지내는 시간이 편안하고 서로간에 신뢰감도 크게 느끼고 있는 단계이다. 함께 지내는 시간이 점점 많아지고, 언제부터인지 밤이나 낮에 상대방과 신체적인 친밀감을 표시하고 있는 자신을 발견한다.

여섯째, 변명하기 시작한다. 어느 날 아내가 아무 것도 모르는 채 묻는다. "요즘 회사 일은 어때요? 주로 누구하고 점심식사를 해요?" 도둑이 제발 저린다는 속담이 있다. 마음속으로 '혹시 아내가 알고 있는 것은 아닌가?' 하는 생각을 하며 대답한다. "응, 항상 나이 먹은 남자들하고 식사를 하지. 식사 후에 가끔 농구도 하고…." 이런 식의 거짓 변명이 나오기 시작한다는 것은 이미 여러분이 넘어서는 안 될 선을 한참 넘어 버렸다는 것을 알리는 적신호이다. 만일 배우자에게 정직하지 못한 자신의 모습을 발견한다면, 이것은 하나님이 여러분에게 보내는 마지막 경고다.

일곱째, 또 다른 합리화다. 상담을 위해 찾아온 사람들에게서 이런 이야기를 수없이 들었다. "저는 부부 관계가 원만하지 못해 배우자와 깊은 이야기까지 나눌 수 없습니다. 그리스도인으로서 결혼 관계를 계속 유지해야 한다고 생각하지만 마음을 나눌 수 있는 누군가가 필요해요. 바로 이 때문에 이 사람을 하나님께서 제게 보내신 것입니다." 혹은 "그것이 그렇게 나쁜 것은 아니라고 생각해요. 아내와 대화가 통하지 않을 때 아내를 대신해 마음을 나눌 수 있는 대화 상대가 필요하거든요. 오히려 이 관계를 통해서 심리적인 스트레스가 해소될 때 저는 좀더 좋은 아버지, 좋은 남편이 될 수 있습니다." 또는 "저와 남편은 3년 동안 성관계를 갖지 못했어요. 그러나 우리들 사이의 정신적인 교류는 지금도 정상적으로 지속되고 있습니다"는 등.

여덟째는 무감각이다. 이 정도라면 이미 수습 불가능한 상황으로 발전했다고 생각해야 한다. 이미 상대방과는 뗄 수 없는 관계로 발전했고 이혼도 심각하게 고려하고 있다.

"우리의 결혼은 처음부터 잘못된 것이다. 그리고 큰 실수였다. 불행을 안고 결혼 생활을 지속하기보다 오히려 헤어지기를 하나님은 더 기뻐하실 것이다." 혹은 "아내는 이미 차가워질 대로 차가워졌고 나를 외면하고 있다. 이혼 외에 다른 선택의 여지가 없다. 내가 없다면 아내는 더 행복해질 것이고, 아이들은 하나님께서 보호해 주실 것이다." 또는 "하나님은 이혼을 좋아하시지는 않는다. 그러나 그것이 도저히 용서받지 못할 죄는 아니다. 결국 하나님은 나를 용서하실 것이다." 이 문제에 대한 하나님의 답변은 명쾌하다. 간음죄는 용서받을 수 없다.

그러나 좋은 소식도 있다. 하나님은 언제나 피할 길을 예비하신다.

심지어 혼외 교제가 한참 진행되고 있는 중이라 하더라도 수습하고 돌이킬 수 있는 방법과 기회는 항상 있다. 그러나 한 가지 명심할 것은 그 관계가 진전되면 진전될수록 돌이키는 것은 쉽지 않다.

명백하지 않는 불륜

혼외 이성교제가 항상 육체적 불륜을 동반하는 것은 아니다. 그러나 감정적인 깊은 교제는 있기 마련이다. 그들의 교제가 육체적인 관계없이 감정적인 차원에 머무르더라도 여전히 부부 관계에 쏟아야 할 에너지와 정열을 상당 부분 빼앗아 간다. 육체적인 관계는 없다 하더라도 다음과 같은 상황이 관찰되면 감정적 불륜이라고 판단할 수밖에 없다.

- 업무와 상관없는 만남이 많아질 때(커피, 점심, 혹은 자원봉사자 모임 등).
- 우연을 가장해서 팔, 어깨, 머리 등을 자연스럽게 쓰다듬을 때.
- 인간적으로 약한 모습을 보일 때(업무 또는 가정의 일까지 털어 놓을 때).
- 불필요한 농담이나 시선을 자주 보낼 때.
- 평상시에도 자주 시선을 보낼 때.
- 향수 냄새, 의상, 머리 색깔 등 사소한 부분까지 신경이 쓰일 때.
- 동료의 개인적인 문제까지 신경 쓰면서 관여를 하는 등 상대방의 가정이나 상사의 영역까지 침범해 들어갈 때.

이런 행동이 반드시 한 사람에게만 집중되지 않고 자주 일어나지 않으면 언뜻 자연스러운 동료애로 간주될 수도 있지만, 특정한 사람에게 집중되어 자주 일어난다면 문제는 달라진다.

사람들의 마음속에는 누구나 매력적인 이성과 농담을 주고받거나 가벼운 접촉을 통해서 성적인 대리 만족을 추구하려는 경향이 조금씩 있다는 주장도 어느 정도 설득력 있다. 그러나 우리는 직장 내의 이성들과 친밀한 동료간의 우정을 구축하면서도 넘어서는 안 될 선은 반드시 지켜야 한다는 어쩌면 이율배반적인 목적을 추구해야 한다. 다시 말해서 우리는 직장에서도 죄를 멀리하며 경건함을 유지하기 위해 특별한 노력을 기울여야 한다는 의미이다.

자신이 하나님을 따르고 섬기기로 결단한 사람이라면, 아래에 열거된 현상이 자신에게 일어나고 있는지 유의하며 노력하는 지혜가 필요하다.

- 마음속에서 들려오는 양심의 소리가 때로는 강하게, 때로는 속삭이는 목소리로 들려온다.
- 기도하고 예배드리는 시간이 두려워진다. 혹은 그 시간을 의도적으로 회피한다.
- 성미가 급하고 불평이 많다. 가족이나 그리스도인 친구들 앞에서는 특히 그렇다(이는 뭔가 양심에 거리끼는 일을 하고 있다는 증거다).
- 우울하고 잠이 부족하고 체중도 줄어든다.

사슬 끊기

직장 동료와 필요 이상으로 친밀해지고 엉뚱한 방향으로 진행되고 있다면, 그것을 끊기가 어려운 일일까? 결단하는 마음만 있다면 결코 어려운 일은 아니다. 그러기 위해서 가장 먼저 해야 할 일은 가족과의 관계를 친밀하게 복원시키는 것이다. 그리고 다음과 같은 사항을 실천에 옮겨야 한다.

- 더 이상 자신을 속이지 말라.
- 자신의 죄 된 생각을 기도로 하나님께 고백하라. 그리고 용서를 구하고 새로운 인도를 구하라. 말과 행동으로 하나님께 영광을 돌리라.
- 상황이 아직 초기 단계에 있다면, 굳은 의지를 갖고 이제까지 하던 행동과 생각을 중지하라.
- 만일 상황이 어느 정도 진정되었다면, 동료를 만나 잘못을 인정하고 용서를 구하라.
- 업무에 전념하고 업무와 관련된 공식적인 관계만 유지하라.
- 만일 이미 육체적인 관계까지 진전되었다면, 다른 부서로 옮기거나 직장을 옮겨서라도 동료와 헤어져야 한다(그러기 위해서는 실직이나 전직으로 인해서 발생하는 고통과 불이익을 감수해야 한다).
- 여전히 동료의 매력이 뇌리에 남아 있고 도저히 헤어지기 어렵다면, 목사님을 찾아가 상담하고 그분과 정기적으로 만나 함께 기도하라. 목사님과 만나기가 어렵다면 주 안에서 신실한 형제

와 상담하라. 필요하다면 전문적인 상담가를 찾아라.

- 신중히 생각해 배우자에게 솔직히 털어놓고 용서를 구하는 것이 하나님이 원하시는 바라고 생각되면 그렇게 하라. 그러나 듣는 배우자의 괴로운 입장을 전혀 고려하지 않고, 단지 자신이 죄책감에서 벗어나거나 마음이 후련해질 것이라는 이유만으로 그런 고백을 하는 것은 현명한 일이 아니다.

- 여러분을 영적으로 붙들어 세워 줄 수 있는 그리스도인을 찾아보라. 내 경험으로 볼 때 성적으로 문제가 있는 사람이 신앙적으로 바로 설 수 있는 경우는 없다.

직장 생활을 하면서 나도 사내에서 많은 여성들을 만나고 함께 일한 적이 있다. 그들 가운데는 지적으로나 외모로나 매우 매력적인 여성들도 있었다. 게다가 나는 직업의 특성상 여러 사람이 함께 하는 회의석상보다 일대일로 만나야 하는 경우가 많았다. 특별히 나는 그들과 업무적인 관계에서 벗어나지 않도록 하기 위해서 다음과 같은 노력을 기울였다.

- 매일 아침마다 하나님께 기도하며 하나님의 보호를 구했다.
- 그들에 대한 나의 행동이 그들로 하여금 하나님과 더 가까워지고, 하나님을 좀더 알 수 있도록 돕고 있는지 자신에게 자주 묻곤 했다.
- 만일 마음속에 좋지 않은 상상이 일어나면, 나를 위해서 죽으신 예수 그리스도를 생각했다. 그렇게 하면 항상 다시 마음의 평정을 찾을 수 있었다.

• 가능한 한 여성을 만날 때는 공개된 장소를 택했다. 부득이 사무실에서 단 둘이 만날 때는 출입문을 조금 열어 놓았다.

언젠가 상당히 오래전부터 예수님을 믿었다는 사람과 점심을 같이 하게 되었다. 그는 말했다. "저는 어떤 경우에도 성적인 유혹을 느끼지 않습니다. 제 삶은 간음과 전혀 상관없습니다." 그야말로 적신호였다.

"내가 주와 함께 죽을지언정 주를 부인하지 않겠나이다"(마 26:35). 이것은 베드로가 주님께 한 말이다. 잘 알다시피 베드로는 그로부터 24시간도 지나지 않은 시간에 무려 세 번이나 그리스도를 모른다고 부인했다(마 26:69~74).

건강한 신체를 가진 사람이라면 어느 누구도 성적인 유혹에서 자유로울 수 없다. 이는 영적인 문제가 아니라 지극히 건강한 생리적인 작용이다. 그럼에도 불구하고 계속 이와 같은 주장을 한다면, 그는 자신을 속이고 있는 것이다. "그런즉 선 줄로 생각하는 사람은 넘어질까 조심하라"(고전 10:12).

직장에서 자신에게 좀더 친근하고 친절하게 대해 주는 사람에게 잘 배려해 주는 것은 당연하다. 그리고 때로는 직장 내에서 권한이 막강한 사람에게 좀더 신경을 쓰고 잘해 주는 경향이 있다. 그러나 그것은 잘 대해 주고 친절하게 해주는 것으로 끝내야 한다. 여기서 더 진전되면 부적절한 관계로 발전할 가능성이 크다.

건강한 환경에서 건전한 삶을 살려면

생업 현장에서도 흔들리지 않고 믿음 가운데 살아가는 사람이라면 이 문제가 자신과는 별로 상관없을 일이라고 생각할 수 있다. 그러나 직장에서 만나는 동료들 가운데 상당수가 외로움을 느끼고 애정에 목말라 하며 누군가로부터 인정을 받고 싶어한다. 삶의 현장에서 하나님의 성품을 드러내는 사람이라면 이런 동료의 존재에도 불구하고 한치의 흔들림도 없을 것이다. 그러나 아무리 자신의 생각이 고상하다고 해도 그들 속에서 마음이 흔들릴 가능성은 충분히 있다. 그렇기 때문에 항상 깨어서 자신의 마음과 주변에 이상 징후가 나타나고 있지는 않은지 항상 살펴야 한다. 그리고 다른 사람들이나 주변의 유혹이나 분위기에 휩쓸리지 않도록 주의해야 한다.

직장에서 하나님의 인도에 따라 확신을 가지고 하루를 지낸 사람이라면, 평안한 마음으로 가족에게 돌아갈 수 있을 것이다. 그리고 그들 앞에서 아무런 부끄러움도 거리낌도 없을 것이다.

이 장의 처음에 다룬 로버트라는 사람의 예를 기억할 것이다. 그는 순간적인 부주의로 사려 깊지 못한 약속을 하고 뒤늦게 당황해하고 있다. 여러분이 로버트라면 어떻게 할 것인가? 이미 약속한 대로 호텔 방에서 그녀를 만날 것인가? 이제 그 상황을 다시 살펴보자.

우선, 그날 하루 종일 로버트는 다른 사람보다 브랜다와 가까이 있으면서 좀더 친밀하게 지냈다. 물론 불건전한 관계는 아니었다. 그리고 그 역시 불순한 의도는 없었다. 그러나 그것이 건전하든 건전하지 않든, 그들은 하루 종일 서로 친밀한 감정을 주고받았다. 이는 상황과 순간적인 판단에 따라서 얼마든지 엉뚱한 관계로 발전할 가능성을 내포하고 있음을 의미한다.

로버트는 약속을 다시 하기로 결정했다. 그는 브랜다와 통화하여 시간과 장소를 다시 정했다. 그리고 가능한 짧은 만남으로 끝냈다. 그의 결정은 옳았다.

직장 내에서 이성과의 관계에 있어서 전적으로 하나님을 신뢰하고 행동하는 것은 쉬운 일이 아니다. 그러나 반드시 그렇게 해야 한다.

 함께 이야기합시다

1 혹시 직장에서 만나는 동료 가운데 특별히 가까운 사람은 없는가?

2 경우를 바꾸어 생각해 본다면, 다른 남성들이 나의 아내와 딸들을 어떻게 대하길 바라는가? 나도 여성 동료들을 그렇게 대하고 있는가?

3 내가 그들에게 던지는 농담이나 사적인 얘기들 가운데 상대방이 오해할 만한 내용은 없는가?

4 사람들이 모두 나를 그리스도인으로 알고 있다면, 나의 대인 관계가 그리스도의 위엄과 이름을 더럽히지는 않는가?

5 나는 "악한 것은 모양이라도 버리라"는 말씀에 순종하고 있는가?

6 혹시 실수했을 때 나를 바로 세워 줄 수 있는 사람이 주변에 있는가?

갈등 8

세 치 혀의 위력, 언어 폭력

사람들은 우리가 쓰는 언어를 통해서 성격과 능력을 판단하곤 한
다. 또 우리의 사고 방식은 직장 내에서 대인 관계와 승진과 예수 그
리스도에 대한 신앙고백에 이르기까지 큰 영향을 미친다. 그리스도
인이든, 아니든 상관없이 모든 사람들은 순화된 언어를 사용하고 말
을 통해서 주변 사람들을 격려하고 세워 주어야 한다.

직장에서 말을 잘못해서 일어날 수 있는 갈등은 크게 세 가지 정도
이다. 그것은 비판, 뜬소문, 모욕감 등이다.

사실 어찌 보면 이 세 가지 갈등은 직장에서 늘 있을 수 있는 지극
히 일상적인 일이라고 생각할 수 있다. 때로는 자신의 혀를 스스로
제어하시 못할 경우도 있다. 또 우리 주변에 있는 어떤 사람들의 말
때문에 힘들어할 때도 있다. 또 아무 것도 아닌 농담이 이상할 정도
로 귀에 거슬릴 때도 있다. 그렇다면 우리 자신이 다른 사람의 험담
과 농담거리로 전락할 때 우리를 험담한 그들에게 상처를 주지 않으
면서도 그들에게 불쾌감과 유감을 전달할 수 있을까?

혀의 위력

잠언은 혀의 사용에 대해 여러 차례 강조하고 있다. 사람이 혀를 잘 사용할 수 있다면, 다음과 같은 일을 할 수 있다.

- 여러 사람을 교육하며(10:21)
- 그 영혼을 환난에서 보전하며(21:23)
- 만족하게 되며(18:20)
- 지혜로운 자로, 슬기로운 자로 여김 받으며(17:28)
- 왕들의 기뻐하는 것이요(16:13)
- 사람들이 기쁨을 얻으며(15:23)
- 기쁘게 할 것을 알며(10:32)
- 뼈를 꺾는 힘이 있다(25:15)

개인적으로 나는 잠언의 여러 구절들을 묵상하면서 현명한 언어 습관이 얼마나 중요한지를 항상 느끼고 있다. 적절하게 구사되는 언어는 직장과 일상의 삶 속에서 만나는 많은 사람들을 가르치고, 격려하고, 세우고, 힘을 주고, 전도할 수 있는 능력이 있다.

개인적으로 내가 존경하는 톰 하워드(Tom Howard) 목사는 "언제 어떤 말을 쓰느냐에 따라서 자동 온도 조절기의 역할을 할 수도 있고, 온도계의 역할을 할 수도 있다"고 역설한다. 온도계는 단순히 현재의 분위기만 숫자로 표시해 줄 뿐이다. 그러나 온도 조절기는 스스로 열을 가하거나 빼앗아 우리 주변의 온도를 가장 적절한 상태로 변화시키고 유지시켜 준다. 즉 주변의 사람들이 그들의 상황을 지극히 비판하고 있을 때도 우리는 그들에게 긍정적인 영향을 줄 수 있는 것이다.

반면 언어를 어리석게 사용하는 사람들이 주변에 얼마나 좋지 않은 영향을 줄 수 있는가에 대해서도 잠언은 여러 차례 언급하고 있다.

- 말이 많으면 허물을 면키 어려우며(10:19)
- 이웃을 망하게 하며(11:9)
- 남의 비밀을 누설하며(11:13)
- 멸망이 오며(13:3)
- 마음을 상하게 하며(15:4)
- 친한 벗을 이간하며(16:28)
- 재앙에 빠진다(17:20)

누군가의 말로 인해 업무와 직장이 곤경에 처한다면, 여러분은 그 상황을 분명하게 밝힐 필요가 있다. 그러나 경우에 따라서는 스스로 자신을 통제하는 법을 배워야 할지 모른다. 또 동료나 상사들이 여러분에게 비판과 험담을 하며 모욕감을 줄 수도 있다.

이런 여러 가지 상황에는 몇 가지 해법이 있다.

비판

비판이란 한 사람이 다른 사람의 결점을 들추어내고, 불신하고, 정죄하며, 비난하는 것을 말한다. 사람들이 비판적인 성격을 갖게 되는 원인은 여러 가지가 있겠지만 가정의 분위기에 영향을 받아 비판적이 되는 경우가 가장 많다. 또 정서적으로 불안하거나 편견을 갖고 있거나 실패에 대한 막연한 두려움을 갖고 있는 경우 비판적이 되기 쉽다.

비판적인 태도는 크게 두 가지로 구성된다. 그중 하나는 판단이며 다른 하나는 빈정거림이다.

먼저 비판적 혹은 판단하는 성품을 살펴보자. 넬슨(Nelson)은 어느 공장의 생산라인 책임자이다. 그는 항상 자신이 다른 사람보다 모든 면에서 낫다고 생각해 왔다. 그렇기 때문에 말투는 항상 거만해 보였고, 늘 다른 사람의 약점을 지적하고 다녔다. 이런 지적과 비판을 통해서 자신이 다른 사람보다 훌륭하다는 사실을 스스로 확인하곤 했다. 만일 휘하의 노동자가 열 가지를 잘했다고 해도 단 한 가지 실수를 하면, 넬슨은 반드시 그것을 지적해 문제삼곤 했다. 남의 사소한 실수 하나까지 놓치지 않는 고성능 레이더 같았다.

판단하기를 좋아하는 사람은 항상 말로 불만족스러움을 표현한다. "컴퓨터를 사용하는 방법을 6개월이나 되도록 완전히 익히지 못했군. 앞으로 제대로 하려면 한참 더 걸리겠어"라든가, "평생 가도 당신은 이 문제를 해결 못해. 뭐 하나라도 좀 제대로 해볼 수 없겠어?"라는 따위의 마음에 상처가 될 만한 말들을 거침없이 해댄다.

그렇다면 판단과 평가의 차이는 무엇인가? 그것은 '태도'의 차이이다. 과연 상대방의 결점을 들추어내는 것 자체가 목적인가, 아니면 상대방의 업무 처리 능력을 한 단계 높일 수 있도록 도움을 주기 위한 것인가? 아마 모두 다 자신은 후자에 속한다고 대답할 것이다. 그러나 그들 대부분은 상대방을 세워 주고 긍정적인 도움을 주기 위한 요령과 방법을 제대로 모르고 있다. 그렇기 때문에 본심과는 달리 그들의 말은 맹목적인 비판에 지나지 않을 수밖에 없는 것이다. 비판이 난무하게 되면 직장 분위기는 침체되고 업무 능률도 떨어질 수밖에 없다. 하나님의 말씀을 따라 사는 사람이라면, 좋은 분위기와 능률을 높이고 주변 사람들을 치유하고 격려하는 삶을 살아가야 한다. 만일 여러분으로 인해서 주변 사람들의 마음이 침체되고 낙심하고 상처를 입는다면 결코 바른 그리스도인의 삶이라고 하기 어렵다.

빈정거림

빈정거림이란 우리가 결코 원하지는 않지만 그 불만을 당당하게 표시할 수 없을 때 나타나는 현상이다. 심리학적인 측면에서 생각해 볼 때 비판이란 자신의 불쾌감을 표현함으로써 그 감정을 해소하여 자신의 기분을 즐겁게 전환시키려는 시도이다. 반면에 빈정거리는 말들은 문제점을 지적할 수 있다. 그러나 듣는 사람의 마음을 상하게 할 뿐 아니라 상황 자체를 더욱 크게 악화시킬 수 있다. 결코 어떤 측면에서도 도움이 되지 않는다.

과거에 직장 생활을 하면서 내가 맡은 부서의 문제점을 발견하고 그것을 시정하기 위해 엄청난 노력을 기울인 적이 있었다. 당시 나의 동료 한 사람은 너무 세심한 부분까지 신경을 쓰다 보니 항상 다른 사람들보다 업무 진행이 늦고 결과 보고도 늦었다. 그래서 별 생각 없이 이렇게 한마디 던졌다. "한 가지 일을 제대로 마무리하고 다음 일을 시작하는 경우를 못 보겠군!" 이는 듣기에 따라서는 다 함께 웃을 수 있는 농담이었다. 그러나 만일 그가 이 말을 빈정거리는 것으로 들었다면, 우리의 대화 통로는 단절될 수밖에 없을 것이다. 유머와 빈정거림의 차이는 말의 어감과 제스처의 미세한 차이에 의해 결정된다.

불평과 험담

"9시 45분이다. 자, 가자." 보험회사에서 한 남자가 카페테리아로 내려가면서 말했다. 대개 그들은 간단한 음료수와 도넛으로 이 시간을 때웠다. 오늘도 창고에서 그들은 스낵 차량의 방문을 알리는 경적 소리를 들었다. 그들은 커피를 한잔씩 손에 들고, 콘크리트 바닥 위의 피크닉 테이블을 중심으로 모여 앉았다. 몇 분 지나지 않으면 험담의 법정이 열릴 것이고, 직장 상사들이 도마 위에 오를 것이며, 회사가 위험하다든지 어느 부서의 부서장이 동성연애자라는 등의 온갖 이야기가 난무할 것이다.

불평이란 갈등을 해결하기 위한 건설적인 의도 없이 그저 상황이나 특정한 사람에 대한 반감을 말로 표현하는 것이다. 흔히 '푸념'이라고도 할 수 있다.

"감정 있는 자는 입술로는 꾸미고 속에는 궤휼을 품나니 그 말이 좋을지라도 믿지 말 것은 그 마음에 일곱 가지 가증한 것이 있음이라"(잠 26:24~25).

일터에서 의견 충돌이 얼마나 쉽게 일어날 수 있는지 아는가? 상급자가 부하 직원의 개인적인 특성을 제대로 이해하지 못한다든가, 매일 부과되는 업무의 과다함 등 불평거리가 너무나 많다. "그 사람은 그런 식으로 일을 처리하는 것이 아니었어." "그 사람이 그 일을 제대로 할 것이라고 기대하는 게 무리지." 불평이란 두 공범자들이 서로 속삭이는 것과 같다. 불평하는 사람들은 항상 사람들이 보이지 않는 음지에서 속삭이며 새로운 문제와 분쟁을 만들어 낸다. 이것은 하나님의 방법이 아니다. 하나님은 우리가 항상 빛 가운데 거하시며, 문제를 드러내고 해결점을 찾아내길 바라신다.

험담이란 어떤 문제의 당사자가 아닌 제삼자들이 불필요하게 그 문제와 해결 방법에 대해서 이러쿵저러쿵 이야기하며 정보를 주고받는 행위를 말한다. 험담하는 사람들은 마치 자신이 중심이 되어 문제 해결을 위해서 큰 역할을 하는 듯한 착각을 하며, 문제에 대해서 다른 사람보다 관심이 많고, 많은 정보를 알고 있다는 사실 때문에 묘한 성취감이나 우월감을 느낀다. 때로는 이들이 합리적이고 필요한 정보를 퍼뜨릴 때도 간혹 있지만, 이들이 옮기는 대부분의 말은 가설이거나 헛소문이거나 거짓말이다. 절대로 이들이 옮기는 말에 귀기울여서는 안 된다. 험담은 사람들의 입에서 입으로 전해지기 때문에, 그것은 시간이 지나면서 점점 왜곡되고 변질되며 엉뚱한 내용의 정보가 첨가되기 마련이다.

만일 이런 험담에 귀기울이고 부지불식간에라도 그 내용을 다른 사람들에게 전파한다면, 여러분도 험담이 만들어 내는 부작용에 동참하는 꼴이 된다.

모욕감과 모욕적인 언사

다른 사람들이 누군가에게 모욕감을 주면서 예수님의 이름을 들먹일 때 여러분의 느낌은 어땠는가? 격렬한 운동경기를 하면서, 친구들과 기숙사에서 함께 살면서, 군복무를 하면서 많은 모욕적인 언사를 듣기도 하고 나도 모르는 사이에 하기도 한다. 또 직장 사회에서 욕설, 성적인 풍자, 거친 유머 등은 어찌 보면 지극히 일상적인 통과의례처럼 보이기도 한다.

우리 문화권에서 거친 말투는 마치 남성들의 상징처럼 여겨지기도 하고, 매우 남성답게 비춰지기도 한다. 그러나 욕설을 내뱉는 행위는 스스로에 대한 통제력이 부족한 것일 뿐이다. 또 개인적인 의견이지만 말투가 어눌하고 느릿느릿하다는 것은 그만큼 자신감이 부족하기 때문이라고 생각한다. 그런데 정말 슬픈 사실은 이렇게 말하고 행동하는 사람들을 그리스도인들 사이에서도 쉽게 발견할 수 있다는 사실이다.

사람들은 직장에서 우리의 외모와 행동을 보고 우리의 입술에서 나오는 언어를 들으면서 우리의 믿음을 판단한다. 불신자들이 우리 입에서 나오는 모욕적이고 상스러운 언어를 듣는다면, 그들은 그것으로 우리를 평가할 것이다.

빌(Bill)은 중소기업의 사장이다. 그는 나를 찾아와서 자신의 회사에 근무하는 스무 명 남짓한 직원들에게 자신의 믿음을 어떻게 드러내야 하는지 물었다. 빌은 매우 늦게 그리스도를 영접한 사람이었다. 이전 직장에서 생산 책임자로 일했는데, 그곳은 일의 성격상 욕설이나 모욕적인 언사가 난무할 수밖에 없는 곳이었다. 그때의 습관이 너무도 깊게 몸과 입에 배어 지금도 그의 언어 습관은 그리 훌륭한 편이 아니었다. 오랜 시간 상담하면서 빌에게 잘못된 언어 습관을 완전히 끊어 버리라고 충고했다.

2개월쯤 뒤에 그를 다시 만났을 때, 빌의 일상적인 언어에서 욕설이나 저속한 말들은 완전히 사라져 있었다. 그가 운영하는 회사의 직원들이 그의 변화를 눈치채는 데는 오랜 시간이 걸리지 않았다. 우연한 기회에 부하 직원 하나가 평소에 빌에 대해서 험담해 온 것을 사과했고, 그 사건은 다른 사람에게도 영향을 미쳤다. 그의 높은 자제력은 직원들에게 영적으로도 큰 영향을 미쳤다.

바울은 이렇게 말했다. "무릇 더러운 말은 너희 입 밖에도 내지 말고 오지 덕을 세우는 데 소용되는 대로 선한 말을 하여 듣는 자들에게 은혜를 끼치게 하라"(엡 4:29).

비판과 험담에 대처하는 법

좋지 못한 버릇을 고치는 방법은 여러 가지가 있겠지만, 그중에 하나는 좋은 버릇을 키움으로서 나쁜 버릇을 자연스럽게 없애는 것이다. 그래서 나는 여기서 혀의 사용과 관련된 좋은 버릇을 몇 가지 소개하고자 한다.

다른 사람에 대해서 좋은 이야기를 한다. 누군가가 또 다른 누군가에 대해서 그가 없는 자리에서 칭찬하는 것을 들어 본 적이 있는가? 만일 점심시간에 누군가가 여러분과 식사를 함께 하면서 이렇게 말했다고 생각해 보자. "그 친구는 정말 대단한 사람이야. 그가 자기 일이 아님에도 불구하고 도와주었기에 망정이지, *그*가 아니있다면 내가 해야 할 일을 제때 끝내지 못했을 거야." 이와 같은 겸손한 태도를 항상 유지한다면, 조직의 일원으로 융화되는 데 큰 도움이 될 것이다. 이와 같이 다른 사람에 대한 선한 소식을 퍼뜨리는 데는 다음과 같은 몇 가지 방법이 있다.

- 역험담. 다른 사람의 등뒤에서 험담을 늘어놓는 대신 그에 대해 좋은 이야기를 하라. 그렇다고 해서 없는 사실을 만들어 칭찬하거나 과장할 필요는 없다.
- 누군가가 칭찬받을 만한 일을 하거든 그에게 영향력을 행사할 수 있을 만한 상급자에게 그 사실을 이야기하라.
- 거래처의 사람들에게도 그들의 조직이나 회사에 대해 받았던 좋은 인상을 이야기하라.
- 다른 사람에 대한 좋은 소문은 적극적으로 주변에 퍼뜨려라.

다른 사람 듣기에 좋은 이야기를 하라. 직장에서 "감사합니다"라는 너무도 간단하고 쉬운 말이 자주 사용되지 않는 이유는 무엇일까? 나를 찾아온 사람들 대부분은 직장에서 만나는 자신의 상사나 주변 사람들에 대한 고마움을 별로 느끼지 못하고 있다. 우리는 어려서부터 열 마디의 긍정적인 말을 하는 동안 부정적인 말은 한마디만하라고 배워 왔다. 이 원칙을 삶의 현장에서 어떻게 적용시켜야 할까? 입버릇처럼 항상 다음과 같은 말을 하면 어떨까?

- "도와주셔서 감사합니다."
- "보고서가 아주 좋았어요. 이 보고서를 작성하느라 밤늦게까지 수고했다죠?"
- "지난번에 내가 지적한 이후로 일에 대한 정확성이 몰라보게 향상됐군. 상당히 노력을 많이 한 것 같아."
- "당신이 그처럼 열심히 일해 주어서 항상 고마움을 느끼고 있어요. 당신 덕분에 내가 한결 편하게 일할 수 있어요."

• "지난번에 한 일은 아무나 할 수 있는 일이 아닌 것 같아요."

아무리 좋은 말도 도가 지나치면 아첨으로 들리거나 놀림으로 느껴지기 쉽다. 그러나 진심으로 하는 칭찬은 절대로 나쁠 것이 없다. 이처럼 비판이나 험담이 도저히 발붙일 수 없을 정도로 긍정적이고 아름다운 직장 분위기를 만들기 위해 노력할 필요가 있다.

우리가 해야 할 일은?

직장에서 부정적인 언어들이 난무할 때 제일 먼저 할 일은 내가 그 상황에서 어떤 역할을 하고 있는지 진단해 보는 것이다. 몇 가지 가능성 있는 예를 살펴보자.

첫째, 여러분이 험담과 비판의 근원인 경우다. 항상 아침마다 다른 사람은 모르는 새롭지만 근거가 확실하지 않은 이야기를 떠벌린다. 점심때도 쉬지 않는다. "그가 오늘 무슨 일을 한지 알아? 아마 내가 말해도 도저히 못 믿을걸!" 그러면서 우리는 항상 사람들에게 스스로가 퍼뜨린 소문을 들으면서 즐거워할 것이며, 사람들은 그 이야기를 또다시 다른 이들에게 전할 것이라고 착각한다.

만일 이와 같은 소문을 지어내는 사람이라면, 여러분은 비판과 험담의 근원이나 다름없다.

둘째, 여러분이 이 험담과 비판의 호응자인 경우다. 누군가가 근거도 확실하지 않은 이야기들을 떠벌릴 때 그 말을 들으며 웃고 즐거워하며 거기다 몇 마디를 덧붙여 소문을 더욱 부풀린다면, 여러분은 호응자라고 할 수 있다. 호응자들은 험담이나 비판을 듣길 즐겨할 뿐 아니라, 거기다가 한두 마디를 덧붙이기도 하고 좀더 자세한 내용을 알고 싶어서 애쓰기도 한다. 사람은 누구나 호기심이 있기 마련이다. 그러나 이 호기심이 때로는 엄청난 위력을 발휘하기도 하고, 여러분을 험담과 비판의 호응자로 전락시키기도 한다.

여러분은 적절하지 않은 대화를 거부하라. 내가 처음 그리스도를 믿게 되었을 때 친한 친구에게서 이런 충고를 들었다. "쓸데없는 농담에 휩쓸려 웃고 떠들지 말게. 그러나 이 말은 생각보다 지키기 힘들 거야."

험담이나 거친 농담이 오갈 때 아무 반응 없이 침묵으로 일관하는 것도 상당히 훌륭한 행동이다. 그 대화의 내용이 여러분과 직접적인 연관이 없다면, 어쩌면 침묵은 최선의 방법인지 모른다. 만일 여러분이 그 직장에서 근무한 지 얼마 되지 않았다면, 동료들과의 관계가 어느 정도 형성되고 신뢰를 받을 수 있게 되고 상황을 객관적으로 바라볼 수 있을 때까지는 침묵 외에 다른 방법이 없다. 침묵을 지키기 위해 필요하다면 그 자리에서 슬그머니 빠져 나오는 것도 한 가지 방법이다.

셋째, 상황에 정면으로 맞서는 경우다. 정면으로 맞선다는 것은 상황을 제대로 파악하기 위해 몇 가지 단순한 질문을 던지는 것 이상의 적극적인 행위를 말한다.

여러분이 직책상 어느 정도 책임 있는 자리에 있다면, 문제 해결에 좀더 적극적이어야 한다. 그들의 말을 좀더 주의 깊게 들으면서 그 상황이 고객들과 다른 직원들과 회사에 어떤 영향을 미칠지 숙고해야 한다.

어쨌든 난무하는 비판과 험담을 대하면서 여러분이 할 수 있는 최선의 처신이 무엇인지 다음 예를 살펴보면서 생각해 보기 바란다.

자기 자신에게 문제가 있을 때

- 여러분이 혹시 비판이나 험담을 했다면, 하나님께 자신의 잘못을 고백하고 자신에게도 문제가 있음을 인정하라.
- 문제의 본질이 무엇인지 적어 보라. 그리고 자신이 한 말 가운데 잘못된 말이 어떤 것들인지 생각해 보라.
- 스스로를 변화시켜 보겠다고 다짐하라. 매일 주님께 나아가 자신의 입에서 험담과 비판을 제하여 달라고 기도하라.
- 구체적으로 자신이 어떻게 변화되어야 할지를 적어 보라. "앞으로는 절대로 누구에 대한 어떤 험담을 하지도 전하지도 않을 것이다." 이렇게 다짐했다면 그 내용을 구체적으로 적어서 수첩이나 책상이나 집에서 잘 보이는 곳(화장실이나 목욕탕 거울 등)에 붙여 놓는다.
- 여러분이 습관적으로 거친 농담을 하고 있다면, 자신이 왜 그런지 자기 스스로에 대해서 다시 한번 연구해 보라. 악의 없고 모두를 즐겁게 해줄 수 있는 농담하는 법을 배워라.
- 직장에서 만나는 사람들 가운데 여러분으로 인하여 상처받은 사람들이 있다면 용서를 빌라. 쉽게 그들에게 고개를 숙이고 용서를 빌기가 어렵다면, 목사님이나 믿을 만한 친구들을 찾아서 상담하라.

다른 사람들에게 문제가 있을 때

다른 사람들이 하는 비판과 험담으로 여러분이 상처를 받는 경우가 있다. 그렇다고 해서 그를 찾아가 옳고 그름을 가리는 일은 다시 생각해 볼 문제이다. 왜냐하면 반드시 긍정적인 결과가 나온다는 보장이 없기 때문이다. 그의 화를 더 돋울 수도 있고, 여러분을 더 피하게 될 수도 있다. 경우에 따라서는 이러한 정면돌파가 필요하겠지만, 자주 그렇게 해서도 안 되고 반드시 옳은 것도 아니다. 오히려 좀더 인내하면서 상황을 지켜보며 주변의 상황이 변하기를 기다리는 것이 현명하다.

그러나 때로는 시시비비를 직접 가리는 것이 필요할 때도 있다. 그렇다면 다음과 같이 하라.

- 여러분의 행동은 어땠는가? 좀더 자신을 객관적으로 평가해 볼 필요가 있다.
- 성경적으로 볼 때 잘못한 부분은 없는가? 혹시 필요 이상으로 교만하지는 않았는가?
- 여러분을 험담한 그와의 관계는 어땠는가? 대개 험담은 이 관계가 크게 작용한다.
- 그의 험담을 들은 시간과 장소를 꼼꼼히 기록하라. 무슨 이야기를 들었으며 그때의 느낌이 어땠는지를 기록하라.
- 그와 만나기 전에 먼저 기도하라. 하나님께 그의 마음도 준비시켜 달라고 기도하라. 그리고 여러분에게 영적인 평안과 사랑의 마음을 허락해 달라고 기도하라. 판단하는 마음을 갖지 않게 해

달라고 기도하라.

야고보서는 혀가 얼마나 위력적인지를 설명해 주고 있다. 혀는 비록 몸의 아주 작은 한 부분에 지나지 않지만, 삶의 방향을 순식간에 뒤바꿔 놓을 만한 힘이 있다. 분노해서 자신도 모르게 내뱉는 말이 내면의 인격을 드러낸다.

하나님께 새롭고 좋은 언어 습관을 허락해 달라고 기도하자. 혀를 스스로 다스릴 수만 있다면, 우리는 좀더 성숙하고 예수 그리스도를 닮은 그리스도인이 될 수 있을 것이다.

 **함께 이야기합시다**

1 직장에서 부정적인 동료들과 마찰이 있는가?

2 직장에서 소문, 험담, 비판이 난무한다면 여러분은 거기에 어떤 역할을 하고 있는가?(진원지, 호응자, 외면자, 정면으로 맞서는 자 중에서)

3 직장에서 아주 좋지 않은 분위기를 만드는 사람이 있는가? 그에게 맞서서 한 번쯤 강하게 따져 봐야 한다고 생각하고 있는가?

갈등 9

일에 짓눌려 살 때

아내로부터 이런 이야기를 들어 본 적이 있는가?

- "어떻게 휴일에도 나가서 일을 해야 합니까?"
- "가끔 한 번씩이라도 집에서 가족들과 함께 식사할 시간을 낼 수는 없어요?"
- "여보, 당신은 항상 피곤해 보여요. 너무 일에 치여 산다고 생각하지 않아요?"
- "사나흘의 휴가도 못 얻었어요?"
- "일! 일! 일! 도대체 당신과 함께 보낼 시간이 전혀 없어요."
- "여보, 일도 좋지만 아이들과 함께 놀아 주는 시간도 있어야 하지 않을까요?"
- "오늘 밤도 너무 피곤해 보이는군요."

이런 질문이나 이와 비슷한 질문을 받아 본 적이 있을 것이다. 혹은 "인생이 이렇게 다람쥐 쳇바퀴 도는 것처럼 일의 반복이어야 하는가? 인생은 이보다 더 큰 가치가 있을 텐데!"라고 스스로 생각해 본 적도 있을 것이다. 사람에 따라서, 직업에 따라서 일을 열심히 할수록 더 많은 죄책감과 불만이 쌓이는 사람도 있을 것이다. 또 지나치게 일에 몰두해 동료들과의 조화가 깨지고 오히려 갈등의 원인이 되는 경우도 있다.

물론 회사가 혹사시키는 경우도 있다. 그런 회사에서 근무하고 있다면, 단지 해고되지 않기 위해 야근과 특근을 마다하지 않고 주당 60시간 내지 70시간 정도 일을 해야 한다. 상당히 많은 회사들은 직원들이 정해진 근무 시간 이상의 더 많은 시간을 일해 주기를 은근히 바란다.

이처럼 여러분의 희망 사항과 관계없이 혹사당해야 한다면, 이 장의 내용을 깊이 읽어 보기 바란다. 이 장은 자신의 건강과 감정과 가정 환경 등을 감안해 볼 때 스스로 감당할 만한 시간 이상으로 일에 몰두해야 하는 사람들에게 많은 도움을 줄 것이다.

보통 사람들이 상상할 수 없을 정도로 많은 시간을 일에 몰두하는 사람들에 대하여 '일중독자'라고 부르기도 한다. 나는 개인적으로 이 용어를 좋아하지 않는다. '중독'이라는 용어는 자기 스스로를 통제할 수 없는 상황에 대해서 사용하는 용어지, 스스로 즐기며 몰두하거나 타의에 의해 행하는 일에 대해서 사용할 수 있는 용어가 아니다. 어떤 사람들은 지나치게 많은 시간을 일에 몰두하는 사람들을 미친 듯이 과속으로 질주하는 운전자에 비유하기도 한다. 그러나 이들 역시 대부분은 자기 가족을 사랑하는 평범한 가장들이다. 다만 다른

176

사람과 비교할 때 습관적으로 많이 하고 있을 뿐이다. 이제 우리는 평범하지만 일을 좋아하거나 일을 많이 해야 하는 사람들에 대해서 다루어 보려고 한다.

만일 거의 매일 야근해야 한다면, 심지어 일거리를 집에까지 들고 와야 한다면, 아니면 일주일 내내 일에 대한 생각뿐이라면 분명히 문제가 있는 것이다. 말하자면 일종의 '휴식 결핍증'이라고 할 수 있다.

▲▲▲

어디부터 과로인가?

얼마만큼 일해야 과로이고 어느 선까지가 정상인가? 일률적으로 "몇 시간까지 정상이고 그 이상은 과로다"라고 적용하는 것은 옳지 않다. 친한 친구 가운데 올리(Ollie)라는 사람이 있다. 그는 주당 60시간을 일하지만 항상 다른 사람보다 여유가 있다. 아내와 데이트도 즐기며, 바쁘다는 핑계로 개인 기도를 빼먹는 경우도 없으며, 주말에는 아들이 활동하고 있는 어린이 야구단에서 코치로 봉사하기도 하며, 교회에 새신자가 오면 심방도 한다. 반면 또 다른 친구인 빌(Bill)은 주당 40시간 정도 일을 한다. 그러나 그는 항상 여유가 없다. 한 사람이 일에 몰두할 수 있는 시간의 최대치, 즉 과로와 정상적인 노동의 경계선은 체력, 일에 대한 열정, 만족도, 가족의 이해 등 다양한 요소에 의해서 결정된다.

이런 여러 가지 요소를 고려한 적정 시간과 노동 강도를 초과해서 일하게 될 때 우리는 흔히 그것을 과로라고 부른다. 이 적정 시간과 강도는 물론 사람마다 다르다. 그러나 일이 가족들과의 관계, 하나님과의 관계, 친구들과의 관계에 좋지 않은 영향을 미친다면 일단 문제가 있다고 생각해야 한다.

▲▲▲

두 가지 유형

휴식 결핍증. 즉 휴식이 부족한 사람들을 나는 두 가지 유형으로 구분하는데, 한 가지는 '고갈되는 사람'(strivers)이고, 또 한 가지는 '몰입하는 사람'(arrivers)이다.

'고갈되는 사람'이란 일로 인해 자기 소모가 너무 커서, 스스로의 잠재적인 에너지가 거의 바닥이 날 우려가 있는 사람이다. 여기에 속하는 사람은 다른 사람들에게 뭔가 이로움을 끼침으로써 자신의 존재 가치를 확인하려 하거나 실패를 두려워하거나 다른 사람의 평판에 무척 민감한 사람들이다. 그렇기 때문에 이들은 일의 과정이나 열매를 즐길 수 있는 여유 있는 마음을 갖지 못한다. 그들은 한 가지 일을 마치면 조금도 쉬지 못하고, 또 다른 목적을 설정하거나 다른 일을 시작한다. 또한 그들은 자신의 가치는 자신이 누구인가가 아니라 자신이 무엇을 했는가에 따라서 결정된다고 믿는다. 그렇기 때문에 뭔가 일의 성과가 있으면 기분이 좋아지고, 반대로 스스로의 기대치에 미치지 못하면 낙심한다.

윌리엄(William)은 항상 30분 정도 책상에 앉아 있다가 일을 시작하며 일을 마치고도 약 한 시간 정도 책상에 앉아 있는 버릇이 있다. 그는 나에게 그 이유를 솔직하게 고백했다. 상급자들에게 오랫동안 일하고 있다는 것을 과시하고 싶기 때문이다. 그리고 자신이 헌신적으로 일하고 있다는 사실을 인정받고 싶은 것이다. 또 보고서를 올릴 때마다 지나칠 정도로 꼼꼼하게 살펴보며 내용뿐 아니라 시각적으로도 보기 좋고 예쁘게 꾸미려고 노력한다. 그렇기 때문에 그는 직장에서 실수하는 일이 거의 없다. 그러나 이 정도로 일을 완벽하게 하기 위해서 그는 매주 다른 사람들보다 10시간이나 일을 더하고 있다. 윌리엄은 스스로를 매우 고갈시키고 있다.

'몰입하는 사람'이란 우리 주변에서 흔히 볼 수 있는 인간형이다. 그가 다른 사람보다 훨씬 많은 시간 일하는 것은 단지 일 그 자체가 좋기 때문이지, 뭔가를 다른 사람들에게 보여 주기 위해서가 아니다. 그는 일 자체에 몰입하고 있는 것이다. 일이 너무 재미있으며, 시간은 금세 흐른다. 그리고 결과에 만족한다. 그는 일에 대한 열정을 가지고 있으며, 자신이 하는 일이 매우 의미 있다고 생각한다. 그러나 문제가 전혀 없는 것은 아니다. 다 좋지만 딱 한 가지 문제가 있다. 그것은 배우자와 아이들, 즉 가정과 친구들이 그에게 불만이 있을 수 있다는 것이다. 그들은 자신들에게도 시간과 관심을 기울여 주길 원한다.

알렉스(Alex)는 매우 숙련된 생산 기술자이다. 그는 일을 매우 사랑하기 때문에 매일 일찍 출근하며 항상 일더미에 묻혀 있다. 뿐만 아니라 젊은 후배 기술자들을 도와서 일과 삶에 관한 것을 상담해 주길 좋아한다. 정시에 일을 마치는 경우가 거의 없으며 항상 잔업을 하곤 한다. 그러다 보니 부부 사이에 문제가 생겼고 이들 부부는 나를 찾아왔다. 아내는 자녀들이 아빠를 볼 기회가 전혀 없다며 불만에 가득 차 있었다.

사람들이 이처럼 다른 사람의 눈치를 살피며 자신을 끝없이 고갈시키거나 반대로 일에 몰입하여 문제가 생기는 이유는 대체로 다음과 같다.

- 어린 시절 일에 몰입하는 부모를 보며 감명받은 경우.
- 일을 많이 하는 것이 버릇처럼 되어 버린 경우.
- 의식적으로든, 무의식적으로든 자신의 가치를 누군가에게 인식시키려고 노력하는 경우.
- 항상 에너지가 넘쳐 뭔가를 하지 않고는 못 배기는 경우.
- 자신의 능력을 스스로 신뢰하지 못하는 경우.
- 가정의 문제를 잊어버리기 위해 의식적으로 일에 몰입하는 경우.
- 현재의 삶에 만족하지 못하고 더 높은 수준의 삶을 꿈꾸는 경우.
- 삶의 수준과 사회적 신분 상승에 지나치게 집착하는 경우.

이들은 직장에서나 사회에서 크게 성공할 수 있다. 그러나 그 밖의 분야에서는 크게 실패할 가능성이 많다. 나는 상담하면서 이들의 생활 습관을 단시간 내에 바꾸는 것은 매우 어렵다는 것을 알게 되었다.

휴식 결핍증

사람들은 자신의 현실을 부정하는 경향이 있다. 나도 마찬가지다. "나는 일에 파묻혀 자신을 고갈시키지는 않는다. 단지 예수님을 사랑하여 즐거운 마음으로 일하고 있을 뿐이다"라고 스스로의 입장을 강변하기도 한다. 그러나 아래에 열거한 현상이 나타나고 있다면, 여러분 역시 휴식이 결핍되어 있다고 생각해야 한다.

- 일을 제대로 마무리하기 위해서 항상 몇 시간씩 더 남아 있다.
- 항상 예정보다 일을 빨리 진행시킨다.
- 전제에서부터 결과, 체계, 계획까지 너무도 완벽하게 계획을 짠 나머지 다른 사람들은 거기에 대해 한마디도 말할 엄두를 내지 못한다(다른 말로 완벽주의라고도 할 수 있다).
- 일의 마감 목표와 비용, 고객들이나 거래선들에 대한 약속 등에 너무 집착한다.
- 상급자들의 평가나 다른 사람들의 평판에 집착하거나 책임감이 지나쳐 일을 과중하게 떠맡는다.
- 자신의 능력을 과시하고 싶은 나머지 너무 많은 일을 떠맡는다.
- 뭔가 부산하게 진행되고 있는 동적인 분위기를 좋아한다.
- 삶에서 그 어떤 영역보다도 일을 중요시한다.
- 주말에도 집으로 서류를 가지고 오고 휴가 때도 마찬가지다.
- 집에서나 차에서, 심지어 교회에서도 직장과 일에 대한 생각이 떠나지를 않는다.
- 휴가는 길어 봐야 사흘이다.
- 직장에 일이 급하면 휴가는 언제라도 취소할 수 있다.
- 일하고 보고서를 만드느라 바쁜 나머지 사람 만날 시간도 없다.
- 가능한 한 많은 수입을 올리기 위해 노력한다(잔업, 과외 근무, 많은 일을 수주하는 등).
- 잔업과 과외 근무를 하지 않으면, 살아가는 데 필요한 충분한 수입을 올릴 수 없다고 생각한다.

여기서 자신에게 해당되는 사항이 누구나 한두 가지는 있을 것이다. 그러나 만일 여러분이 일에 필요 이상으로 몰입하는 사람이라면, 자신에게 해당되는 사항이 좀더 여러 가지가 있을 것이다. 만일 자신이 휴식 결핍 상태인지의 여부를 좀더 정확하게 알고 싶다면, 위에 열거한 사항에 얼마나 해당되는지를 아내나 친구들에게 물어 보라. 그들이 여러분보다 여러분에 대해서 더 잘 알고 있다.

▲▲▲

집에서도 일을 한다면

그녀는 주말에 남편이 집으로 걸어 들어오며 눈 위에 남긴 발자국들을 보았다. 시계는 6시 25분을 가리키고 있었다. 남편은 상당히 피곤할 것이다. 이미 식사는 준비되었다. 그녀의 마음은 무겁기 이를 데 없었다. 오늘도 변함없이 서류 가방을 가지고 들어왔다! 남편은 해도 뜨기 전에 출근을 했다. 그녀는 남편에게 휴식이 필요하다는 사실을 알고 있었다. 그러고 보니 남편과 함께 아들의 행동 습관을 상의하고 딸의 성적 때문에 고민해 본 지가 너무 오래됐다….

서류 가방을 가지고 퇴근할 때

일에 몰입하는 사람이든, 일에 치여 자신이 고갈될 대로 고갈된 사람이든 한 가지 공통점이 있다면 퇴근해 집에 돌아와서도 일에 대한 부담감에서 벗어나지 못한다는 사실이다. 최근에 나도 주일날 교회에 앉아서도 한 고객에 대한 생각에 골몰한 적이 있다. 목사님이 설교 중 상당히 우스운 말씀을 하셔서 오백 명이나 되는 교인들이 모두 폭소를 터뜨렸는데, 나만 다른 생각을 하다가 영문을 몰라 멍하게 앉아 있었다. 예배를 마친 후 아내에게 물었다. "도대체 무슨 이야기였기에 그렇게 웃었어?" 그녀도 내가 일 때문에 다른 생각을 하고 있었다는 것을 알고 있었다.

여러분이 집에 돌아와서도 일의 부담에서 벗어나지 못할 때 배우자와 아이들은 불만스러울 수밖에 없다. 이들의 불만은 충분히 이유 있는 것이다. TV를 볼 때나 대화 중에 혹은 신문을 볼 때도 일에 대한 집착이나 관심은 은연중에 드러난다. 늘 내일 해야 할 일이 무엇인지, 아직 해결하지 못한 문제가 무엇인지 등이 머리 속에서 떠나지 않기 때문이다.

소규모 자영업자라면

존(John)은 소규모 자영업을 하는 사업가이다. 점포 관리인으로서, 판매원으로서, 영업사원으로서, 경영자로서, 사업 기획자로서 그의 마음은 항상 분주하고 정신이 없었다. 직원을 새로 채용하고 해고하는 일, 거래선과 계약을 체결하거나 기존의 계약을 연장하는 일, 현금의 흐름을 관리하고 어음이 만기가 돌아오기 전에 결제하는 일 등 나름대로 고독한 결정을 내리고 행동에 옮겨야 할 경우가 많다. 존뿐만 아니라 모든 자영업자들은 항상 자금의 압박을 받으며 살아가고 있다. 그리고 모든 책임을 혼자 떠맡아야 한다. 그들은 자나깨나 항상 사업에 대한 심리적인 압박 속에서 살고 있다.

나는 자영업자의 부인들을 위해서도 수많은 전화 상담을 해준 적이 있는데, 그 내용을 통해서 볼 때 절대 다수의 자영업자들은 휴식 결핍 상태에 있다. 존의 아내인 엘렌(Ellen)은 다음과 같이 호소했다. "남편의 머리 속에는 일밖에 없어요. 그는 하루에 8시간이 아니라 24시간을 일에 투자하기 때문에 근로 시간 대비 수입을 계산해 보면 시간당 6달러나 7달러 정도밖에 안 될 거예요. 비효율적인 생활이죠. 뭔가 처방이 필요해요."

또 다른 자영업자의 부인은 이렇게 호소했다. "남편 마이크(Mike)가 좀더 집에서 보내는 시간이 많았으면 좋겠어요. 돈도 많이 벌고, 그 자신은 일을 하면서 행복하다고 해요. 그러나 가족은 안중에도 없는 것 같아요."

존이나 마이크 같은 자영업자들은 일에 투자하는 시간이 다른 직장인에 비해 월등히 많기 때문에 언뜻 보기에는 일 자체를 무척 사랑하는 것처럼 보인다. 그리고 보기에 따라서는 일을 통해 돈을 얼마나 버는가 하는 것보다 일을 통해 자아와 꿈을 실현하는 것을 더 중요하게 여기는 것 같아 보이기도 한다.

자영업자들 중에는 일을 하면서 받는 스트레스를 나름대로 효과적으로 다스리고 해소하는 사람들도 있다. 그러나 대부분의 경우 그들의 마음 상태는 짓눌려 있어 언제 터질지 모르는 보일러와 같다. 판매, A/S, 대금 결제, 직원 관리 등 모든 것이 스트레스의 요인이다. 그런데도 그들이 이처럼 많은 시간을 일에 투자해야 하는 이유는 다음과 같다.

- 다시 직장에 들어가 다른 사람 밑에서 일하고 싶지 않다(독립심).
- 사업이 실패해 막다른 데 이를까 봐 불안하다(개인적 불안감).

- 자신이 다른 사람 밑에서 일하기에는 아까운 존재라고 생각한다 (자신감과 자존심).

자영업자들이야말로 하나님의 인도를 구해야 한다. 사업을 시작하고 유지하고 그만두는 모든 과정을 그분께 의지해야 한다. 만일 여러분이 일에 너무 몰입하여 도저히 가족을 위한 시간을 낼 수 없고 그로 인해 가정에 문제가 생길 정도라면, 다시 직장 생활을 하는 것도 신중하게 고려해 보라.

▲▲▲

우선 순위에 따라 삶을 정비하라

사람은 누구나 자신이 중요하다고 생각하는 대로 행동하기 마련이다. 조쉬(Josh)는 매주 목요일마다 반드시 농구 게임을 구경하러 한다. 어지간해서는 목요일의 농구 관전을 빠뜨리는 법이 없다. 그런가 하면 주일에는 예배를 빠지더라도 늦잠은 반드시 자야 한다. 말로는 교회가 소중하다고 하지만, 그의 행동은 말과 전혀 반대다.

대체로 사람은 자신이 마음속으로 정해 놓은 우선 순위에 따라 행동한다. 그렇기 때문에 그가 어떤 일에 가장 많은 시간을 투자하는가를 관찰해 보면, 그의 우선 순위와 인생 철학까지도 알 수 있다. 스스로를 자세히 관찰해 보라. 여러분은 어떤 일에 가장 많은 시간과 돈과 재능을 쏟아 붓고 있는가? 그리고 어떤 생각을 가장 많이 하는가? 이 질문들을 진지하게 생각해 보면 자신의 가치관과 최고 관심사를 스스로 알 수 있을 것이다. 만일 가정을 가장 중요시한다고 하면서도 실제로는 일에 더 많은 에너지와 시간을 투자하고 있다면, 뭔가 생각을 바꾸거나 행동을 바꾸어야 할 것이다. 먼저 자신의 가치관을 곰곰이 생각해 보고 삶의 모습을 자신의 가치관과 우선 순위에 따라 조정해야 할 것이다.

얼마 전 아내와 대화를 나누면서 충격을 받은 적이 있었다. 미국 중서부에 살고 있는 아들 제프(Jeff)가 지금 집에 머무르고 있는데, 아들에 대한 정보를 얻기 위해 친구에게 전화를 걸어봐야겠다고 생각했다. 아내도 두 번이나 이 계획을 환기시켜 주었다. 어느 날 저녁, 그러니까 제프가 도착하기 이틀 전이었다. 나는 컴퓨터 앞에 앉아 한참 일에 빠져 있었다. 아내가 물었다. "아직 전화 안 했죠?" "응, 아직 안 했어." 아내는 약간 강한 어조로 말했다. "당신에게 제프는 별로 중요한 존재가 아닌 것 같군요!"

아내에게 약점을 들킨 것 같아 이렇게 변명했다. "물론 중요하지. 그럴 리가 있나!" 그러나 그것은 명백히 나의 실수고 잘못이었다.

아내는 이렇게 말했다. "정말 제프가 중요하다면, 전화를 했어야죠. 만일 제프가 아들이 아니라 고객이었다면 벌써 전화했을걸요?" 순간적으로 나는 큰 충격을 받았다. 사실 그녀의 말은 분명히 옳았다. 그날 하루 종일 많은 생각을 했다.

물론 전화를 걸어야 한다는 사실은 늘 염두에 두고 있었다. 그러나 실제로 행동에 옮기는 데 있어서 제프의 일은 우선 순위에서 한참 밀려나 있었던 것이 사실이다. 만일 중요한 고객과의 전화였다면 그처럼 미루지는 않았을 것이다. 오히려 아내가 두세 번씩 환기시켜 주지 않았더라도 벌써 전화를 걸었을 것이다. 이는 여러분의 경우에도 똑같이 적용될 수 있다. 일에 몰입하는 시간을 반드시 줄여야겠다고 마음먹으면 못할 것도 없다. 일정을 조정하고 반드시 중요하지 않은 일은 취소하고, 직원을 한두 사람 더 채용하면 충분히 가능하다.

일을 많이 한다고 해서 반드시 가정에 대한 의무감이나 애착이 없는 것은 아니다. 일에 몰입하는 사람이든, 일에 치여서 고갈될 대로 고갈된 사람이든 그들이 가족과 하나님을 사랑하지 않는 것은 아니다. 그러나 분명한 것은 마음속으로는 어떻게 생각하든 실제 행동에 있어서 가치관과는 전혀 다른 매우 건강하지 못한 생활 양식과 일의 습관을 가지고 있다는 점이다.

필요하다면 일에 대한 습관과 양식을 바꾸도록 하라. 마음만 먹으면 충분히 바꿀 수 있다. 그러나 확고한 결심이 필요하다. 사실 우리 대부분은 어떤 삶이 균형 잡힌 삶인지 제대로 배우지 못했고 알지도 못한다. 그렇기 때문에 삶의 균형이 깨어질 대로 깨어져 있는데도 스스로 자각하지도 못하고, 어떤 변화가 필요한지도 모른다.

△△△

모든 것은 마음먹기 나름이다

만일 여러분이 더 이상 일에 파묻혀 살기를 원하지 않는다면, 일에 임하는 습관과 방식을 바꾸기 원한나면 적어도 세 가지 적과 싸워야 한다. 그것은 다음과 같다.

- 나를 둘러싼 외부환경(모든 사람들이 여전히 열심히 일하고 있다).
- 성취욕(승진해 최고의 자리까지 오르고 싶은 마음).

- 많은 시간 동안 일하는 데 대한 자기 합리화(하루에 몇 시간 정도 더 일한다고 해서 굳이 가족들에게 미안해할 필요가 있는가 하는 마음).

이 싸움은 하나님과 함께 싸워야 한다. 그분께 이제까지 자신이 일에 지나치게 집착했음을 고백하라. 그분의 도움을 구하라. 그리고 다음과 같이 하라.

- 매일 일정한 기도 시간을 확보하고, 삶의 양식이 변할 수 있게 해달라고 기도하라.
- 균형 잡힌 삶에 관한 새로운 비전을 달라고 기도하라.
- 아내와 함께 기도하라. 그리고 아내에게도 올바른 가치관과 우선 순위를 허락해 달라고 기도하라.
- 신뢰할 만한 다른 사람과 함께 기도하라.
- 시간을 주장하시며, 사업을 인도하시며, 사업상의 문제를 해결하시며, 시간의 운영을 건전하게 바꾸어 주시며, 교회와 선교와 전도에 봉사할 수 있도록 인도하시는 분은 오직 하나님 한 분뿐임을 기억하라.

가치관과 의식 구조 다시 세우기

다음에 열거한 내용 중에서 여러분이 가장 중요하게 생각하는 다섯 가지만 골라 보라. 그리고 각각에 대해서 얼마나 많은 시간을 투자하고 있는지 생각해 보라.

- 친구와의 교제.
- 마음의 평화.
- 돈.
- 부모님과 시간 보내기.
- 하나님과의 교제.
- 여행.
- 봉사.
- 성공적인 직장 생활과 승진.
- 안정.
- 노후 대책.
- 예절.
- 건강.
- 스포츠.
- 자녀들과 시간 보내기.
- 휴가와 여가.
- 아내와 함께 보내는 시간.

이제 자신에게 이렇게 질문해 보라. 위에 열거한 내용 중에서 여러분이 손꼽은 다섯 가지 우선 순위와 시간 사용이 일치하는가? 나에 대한 다른 사람들의 평가와도 일치하는가?

책임감 키우기

버릇이나 습관을 고치기 위해서는 시간이 필요하다. 그리고 여러분을 돕고, 지도하고, 여러분을 위해 기도해 줄 수 있는 누군가가 필요하다. 주변에서 가장 신뢰할 만한 사람을 선정해 그에게 이 역할을 부탁하라. 그리고 다음과 같이 하라.

- 좀더 균형 잡힌 삶을 살 수 있도록 스스로를 변화시키겠다고 결단하고, 그 변화를 위해서 필요한 성경적인 충고에 복종하겠다고 결단하라.
- 가족들에게 스스로의 결심을 밝히고 구두나 서면으로 서약하라.

일정표 만들기

일단 결단하고 그것을 실행에 옮기기 위한 첫 발자국을 내딛기 시작하면, 다음은 의외로 쉽다. 그러나 좀더 효과를 극대화하기 위해서 한 달 정도의 일정표를 미리 만들어 보라.

- 그 내용은 세밀할수록 좋다. 사무실, 현장, 연구실 등을 떠나는 시간을 정확하게 정해 보라.
- 잔업이나 야근을 하지 않도록 계획을 세워 보라. 나중에 필요하다면 그때 가서 잔업이나 야근의 시기와 시간을 정해 보라.
- 일정표의 내용은 기존 생활 양식과 크게 다르도록 짜야 한다. 이 내용을 하급자나 상급자나 부서장에게 보이고 상의해 보라. 그들 가운데 여러분이 일을 좀더 짧은 시간에 능률적으로 하도록 도와주는 사람이 있을 것이다.
- 절대로 일을 집으로 가져오지 말라(만일 불가능하다면, 일주일

190

에 이틀만이라도 집에서 일하지 않는 날을 정해 지키라).

한 달 동안의 생활 계획

• 업무와 관계없는 활동, 즉 여가 활동까지 포함해서 한 달 동안의
계획을 세워 보라.
• 가족들과의 활동, 하나님과의 시간, 사회 활동, 여가 활동 등에
대한 계획을 세워 보라. 구체적인 시간 계획을 세우고 일정표를
만들어 채워 넣어라.
• 주말에는 아내와 보낼 수 있는 환상적인 계획을 세워 보라.

이런 작업은 휴식 결핍 상태의 생활 습관을 끊는 데 매우 효과적이
다. 인내를 가지고 조급한 마음 없이 실천에 옮긴다면, 삶에 매우 중
요한 변화가 일어날 것이다.

아직도 일과 가정 사이에서 갈등을 느끼고 있다면 시편 1편 3절을
읽고 묵상하라. 여러분이 시편에서 말하는 '시냇가에 심은 나무'라
면, '그 행사가 다 형통해야 할 것'이다. 가정과 일, 이 두 가지 가운
데 한 가지만 선택할 수 있는 것이 아니다. 하나님은 이 두 가지 모두
를 맡기셨다. 가정에 무관심한 채 일에 파묻혀 너무 오랜 시간을 보
낸다면, 하나님과의 관계가 바로 되었다고 볼 수 없다.
과연 하나님께서 허락하신 재능과 능력을 무엇을 위해 사용하는
것이 가장 바람직한가? 변화가 하룻밤 사이에 일어나지는 않을 것이
다. 그러나 첫 발자국을 떼는 일은 매우 중요하다. 우리에게 매우 친

숙한 광고 문구 가운데 이런 것이 있다. "일단 시도하라"(Just Do It). 한 경영 철학자는 이렇게 말했다. "임종을 앞두고 직장 생활을 좀더 열심히 하지 못한 것을 후회하는 사람은 아무도 없다."

함께 이야기합시다

1 여러분은 많은 시간 일을 하는 편인가? 그렇다면 일이 좋아 몰입하는 편인가? 아니면 일에 치여 자신이 고갈되어 가는 상태인가?

2 가족들은 여러분의 일과에 대해서 어떻게 생각하고 있는가?

3 여러분은 무엇을 가장 중요하게 여기는가?

4 삶의 모습과 가치관이 일치하는가?

5 선택해 보라. 만일 여러분이 휴식 결핍 상태에 있다면, 뭔가 변화가 필요하다고 느끼는가? 아니면 현재의 상황에 만족하는가?

무늬만 그리스도인이라면…

사라(Sarah)는 우리 부서에 근무하는 매우 유능한 여직원이었다. 그러나 최근 그녀는 왠지 지쳐 보였고, 원래의 활달한 모습을 도무지 찾아볼 수 없는 침울한 모습이었다. 사라에게 혹시 어떤 문제가 있는 것은 아닌지 조심스럽게 물어 보았다. 그녀는 주저하지 않고 대답했다. "물론 있죠."

그녀는 눈물을 흘리며 자신이 처한 전혀 상반된 두 가지 상황을 설명하기 시작했다. 그중 한 가지는 개인적인 문제였는데 사라는 그 문제로 인해 죄의식을 느끼고 있었다.

나는 마음속에서 갈등을 느끼기 시작했다. 지금 하나님의 용서와 은혜를 설명해 준다고 해서 과연 그녀에게 얼마나 도움이 될 것인가? 그녀의 믿음과 신앙 상태를 나는 제대로 몰랐다. 오히려 현실적인 대안과 충고가 더 도움이 될지 모른다. 직장에서 사라의 직속 상관이었기 때문에 그녀의 상황이 적지 않게 부담스럽고 걱정되었다.

혹시 누군가로부터 큰 상처를 받은 것은 아닌가? 아니면 신앙에 큰 상처를 받았나? 며칠 동안 고민하며 기도했다.

며칠 간의 기도 끝에 결심을 했다. 사라에게 커피를 함께 마시자고 제의했다. 차를 마시는 동안 이렇게 이야기했다. "지금부터 내가 이야기를 시작할 테니 듣기가 거북하면 언제라도 중단해 달라고 요청해요. 내 나름대로는 당신을 돕고 싶어서 그래요. 지금 당신에게 하나님의 은혜와 용서에 대해서 말하고 싶어요." 그녀는 귀기울여 듣는 것 같았다.

그로부터 얼마 지나지 않아서 사라는 예수 그리스도를 영접하게 되었고, 오랫동안 그녀를 짓누르고 있던 문제들로부터 자유함을 느낄 수 있었다. 나와 그녀는 상사와 부하 직원의 관계이기도 했지만, 주 안에서 사랑하는 친구로서 좋은 교제를 나누게 되었다. 여러분 가운데 어떤 사람들에게는 이 이야기가 너무도 당연하게 무덤덤하게 들릴지 모른다. 그러나 직장 동료들과 믿음의 교제를 나눈다는 것은 생각보다 어려운 일이다. 개인적인 이야기지만 나는 동료들과의 영적 교제를 어떻게 하면 효과적이고 올바로 나눌 수 있는가 하는 문제에 대해서 20년째 고민하고 있다.

일터에서 이런 비슷한 고민을 해본 적이 있는가? 직장에서 만나는 사람들에게 자신의 믿음을 담대하게 드러내고 하나님에 대한 믿음을 말하는 것은 생각보다 어려운 일이다.

여러분은 속으로 자신과 이런 대화를 주고받을 것이다. 지금 내가 무슨 이야기를 해야 하는가? 지금 내가 신앙적인 이야기를 하는 것이 적절한가? 혹시 내가 잘못 이야기하면 어떻게 하지? 내 말이 상대방에게 상처가 될 수도 있을 텐데? 혹시 그가 나를 이상하게 보지는 않을까?

이 순간 여러분은 어쩌면 요한계시록의 한 구절을 머리 속에 떠올릴지 모른다. "내가 네 행위를 아노니 네가 차지도 아니하고 더웁지도 아니하도다 네가 차든지 더웁든지 하기를 원하노라 네가 이같이 미지근하여 더웁지도 아니하고 차지도 아니하니 내 입에서 너를 토하여 내치리라"(계 3:15~16). 이 사람 저 사람 눈치 보느라 믿음을 드러내지 못하고 '복음의 씨'를 뿌릴 기회를 놓치는 것 같아 죄의식을 느낄지 모른다. 이처럼 직장에서의 갈등은 다른 동료들과의 사이에서만 일어나는 것이 아니다. 자신과의 싸움도 직장 내 갈등의 한 가지 유형이다.

우리 대부분은 직장 동료들 앞에서 자신의 믿음을 드러내면서 속으로 진땀을 흘렸던 경험이 있을 것이다. 그런가 하면 그 기회를 그냥 흘려 보냈을 때 죄의식을 느낀 적도 있을 것이다. 그런가 하면 적지 않은 용기를 내어 믿음을 드러냈는데, 동료들이 호의적인 반응을 보였을 때 희열을 느낀 적도 있을 것이다. 하나님에 대한 믿음과 지식을 동료들과 나눈다는 것은 두 가지 측면이 있다.

- 사람들에게 하나님의 사랑과 능력을 소개하는 것.
- 다른 그리스도인들이 영적으로 성장할 수 있도록 격려하는 것.

처음 신앙 생활을 시작할 무렵 나에게 많은 도움과 충고를 주셨던 어떤 분은 두 가지 충고를 했다. "만일 하나님께서 누군가를 너에게 붙여 주셨다면, 그에게 정말 필요한 것이 무엇인지 생각해 보라." 그리고 "그들이 먼저 자신들이 필요한 것을 너에게 말하는 법은 없을 것이다." 다시 말하면 뭔가를 필요로 하는 누군가가 여러분 앞에 있다면, 그냥 지나쳐서는 안 된다는 것이다. 즉 항상 마음의 안테나를 높이 올리고 누군가가 하나님에 대해서 궁금해하고 호기심을 보이고 있는지, 그들을 어떻게 도와줄 수 있는지, 여러분의 이야기를 듣고 싶어하는 사람은 없는지 항상 살펴야 한다.

▲▲▲

믿음을 나누는 일이 쉽지 않은 진짜 이유

마이크(Mike)는 샘(Sam)과 함께 대형 건설 공사에서 배선 관계 업무를 맡고 있었다. 그들은 3개월째 함께 일하고 있는데 서로 호흡이 잘 맞는 편이었다. 지난주에 샘은 그동안 고민하던 문제를 마이크에게 털어놓았다. 함께 동거하고 있는 여자 친구에 대한 문제였다. 마이크는 자신의 신앙을 바탕으로 성경적인 충고를 해주는 것이 좋겠다고 생각했다.

"샘, 결혼하지 그래. 어정쩡하게 동거하는 것보다는 낫잖아? 내가 너를 정죄하고 싶지는 않아. 그러나 하나님은 나에게 무척 소중한 분이야. 하나님은 네가 결혼하지 않은 채로 여자와 동거하는 것을 결코 좋아하지 않으실 거야."

몇 주 후에 샘은 너무 적극적으로 그에게 마음을 열었고, 마이크는 적지 않게 놀랐다. 샘은 그에게 많은 것을 물어 보았다. 하나님과는 어떻게 교제해야 하는지, 어느 교회가 좋은지, 예수님에 대한 이야기를 전혀 들을 기회가 없어서 믿지 못하고 죽은 영혼들은 어떻게 되는지 등. 마이크는 잘 아는 목사님을 샘에게 소개해 그를 돕도록 했다.

며칠 뒤 샘이 말했다. "그녀가 그러겠다고 했어."

"그러겠다고 했다니?"

"여자 친구가 나의 청혼을 받아들였어. 날짜도 잡았어." 샘이 대답했다.

샘은 결혼했다. 그리고 교회에 빠지지 않고 출석하고 있다. 마이크가 하나님께서 주신 작은 기회를 놓치지 않은 덕분에 영원한 결실을 맺을 수 있었다.

대부분의 사람들은 대화를 나눌 때 일반적으로 자신을 보호하려는 경향이 있다. 그러나 특별한 경우 하나님에 대해 이야기할 기회가 있다. 사람은 특별한 경우가 아니고는 다른 사람의 삶에 간섭하고 싶어하지 않는다. 그 이유는 다음과 같은 두려움이 있기 때문이다.

- 상대방이 복음에 대해서 무관심할까 봐 두려워한다.
- 상대방이 거부감을 드러낼까 봐 두려워한다.
- 동료들이 자신을 광신자로 취급할까 봐 두려워한다.
- 자신이 성경과 성경적인 생활 원리에 대해서 제대로 알지 못한다.
- 믿음에 대해 제대로 얘기할 만한 말주변이 없다.
- 직장 생활과 승진에 좋지 않은 영향을 미칠까 봐 두려워한다.
- 과거에 섣불리 믿음을 드러냈다가 오히려 낭패를 본 경험이 있다.
- 다른 사람의 생활을 간섭하고 싶어하지 않는다.

이런 우려는 충분히 이해할 만하고 있을 수 있는 일이다. 그렇기 때문에 이처럼 믿음을 드러내기를 두려워하는 그리스도인이 주변에 있다면, 비난하고 정죄하기보다 격려하고 훈련시켜야 한다. 그렇다면 이제부터 직장에서 믿음을 드러내는 문제로 인해 갈등하는 사람들을 위해 몇 가지 점을 강조하고자 한다.

▲▲▲

그리스도인의 역할은?

성경은 다른 사람들 앞에서 하나님을 선전하고 믿음의 본이 되어야 한다고 분명히 말하며, 빛과 소금으로서 살아가며 이웃을 섬길 것을 명하고 있다. 하나님은 자기 백성이 하나님의 풍성한 사랑을 세상의 모든 사람들에게 나누어 주며 살아가기를 바란다. 여기서 말하는 모든 사람들 속에는 동료와 고객과 거래처의 사람들도 당연히 포함된다. 우리는 이 역할을 담대하게 감당할 수 있도록 서로를 격려하며 도와야 한다. 따지고 보면 내가 오늘날 그리스도인으로서 살아갈 수 있는 것도, 과거에 누군가가 여러 가지 두려움을 무릅쓰고 용기를 내어 왜 그리스도께서 내 죄를 위해 돌아가셨으며 어떻게 하나님 안에서 평화를 누릴 수 있는지를 나에게 말해 주었기 때문이다.

우리는 적당한 때에 주변 사람들에게 믿음의 씨를 뿌려야 한다. 그러면 누군가가 그 씨앗에 물을 줄 것이고, 마지막에 하나님께서 추수하실 것이다. 그리고 그들 역시 다른 사람들에게 씨를 뿌릴 것이다.

피터 와그너(Peter Wagner)는 저서인 『영적 은사』(Spiritual Gift)에서 성령의 은사를 "성령께서 하나님의 은혜로 그리스도의 몸 된 교회의 지체들에게 주신 특별한 능력"이라고 정의했다. 전도는 성경에 나타난 여러 가지 성령의 은사 중 하나이다. 우리는 특별한 능력과 은사를 가지고 복음을 전하여 사람들을 결신하게 하는 부흥사들을

198

보면서 감탄을 금치 못한다. 여러분 중에 전도의 은사를 받은 사람도 있고, 받지 않은 사람도 있을 것이다.

우리에게 전도의 은사가 허락되지 않았다 하더라도, 다양한 은사들을 가지고 여러 가지 방법으로 전도를 도울 수 있을 것이다. 도움과 섬김의 은사, 긍휼의 은사, 격려의 은사 등을 사용해서 그들이 주님을 만나도록 도울 수 있을 것이다. 하나님께서 자신에게 주신 은사가 무엇인지를 빨리 발견해 복된 소식을 전하는 데 기여하도록 노력해야 할 것이다.

그리스도인의 태도

태도란 인간 본질에 관한 문제가 아니다. 훌륭한 태도는 신중한 생각과 행동을 통해서 얼마든지 만들어질 수 있다.

야구에서 훌륭한 유격수라면 자신에게 볼이 날아오는 것을 두려워하지 않는다. 오히려 자신에게 볼이 오기를 간절히 바라며, 오기만 하면 멋있게 처리하겠다고 벼르고 있을 것이다. 또한 훌륭한 타자라면 위기 상황에 타석에 서는 것을 두려워하지 않는다. 오히려 막다른 상황, 즉 투 아웃 상태에 타석에 서면 지금이야말로 자신의 진가를 유감없이 발휘할 절호의 기회라고 여길 것이다. 만일 선수들의 마음에 이런 자신감이 없다면 오랫동안 선수 생활을 계속할 수 있을까? 절대로 그럴 수 없을 것이다.

여러분은 주일 예배시간에 주변의 모든 사람들과 믿음을 나누어야 한다는 목사님의 설교를 여러 번 들었을 것이다. 이제 월요일 아침이 되었다. 하나님께서 어떤 사람을 여러분에게 붙여 주실지 궁금해하는 대신, 누구를 만나더라도 하나님께서 내가 명하신 일을 하겠다고 결단해야 한다. 이런 담대한 태도로 여러분의 믿음을 드러낼 준비가 되어 있는가? 그들 앞에서 어떤 태도를 취하는 것이 가장 바람직할까? 무엇보다도 '기대감', '대상 인식', '적용' 등의 세 가지 점을 강조하고자 한다.

기대감

나는 학창 시절에 학교 핸드볼 팀에서 선수 생활을 한 적이 있었다. 당시 머리 속에는 온통 핸드볼에 대한 생각뿐이었고, 결승에 진출해 우승컵을 품에 안는 장면을 그리곤 했다. 항상 핸드볼을 생각하면서 나름대로의 전략을 구상하며 승리의 순간을 꿈꾸었던 것이다. 다른 사람들과 복음을 나누는 일도 이에 못지않은 기대감과 꿈을 가질 수 있다. 그런데 복음을 전하는 일을 앞에 두고 기대감보다 두려움, 혼란, 회피하고 싶은 마음이 드는 것이 솔직한 표현일 것이다. 그러므로 복음을 나누고 전하기 위해서 가장 먼저 요구되는 태도는 기대감을 품는 것이다.

경기를 앞둔 운동 선수들이 실전을 방불케 하는 연습을 하듯이 우리도 삶 속에서 만나는 여러 가지 상황을 통해서 기대감을 연습해야 한다. 그래야만 여러분에게 주어지는 복음전파를 위한 절호의 기회를 놓치지 않을 수 있다. 그렇다면 기대감을 품는 사람과 회피하는 마음을 품는 사람의 차이는 무엇일까? 그것은 복음을 나누는 일에 대한 확신이 있고 없고의 차이다. 여러분은 연습을 통해서 이 확신을 키울 수 있다.

두려움을 기대감으로 바꾸기 위해서는 반드시 기도가 필요하다. 믿음을 나눠 주어야 할 대상을 만나게 해달라고 기도하라. 그리고 여러분이 아닌 하나님이 그 일을 하실 것이라는 사실을 잊지 말라. 그런 다음에 그분의 역사를 기대하라.

처음 그리스도인이 되었을 때 나는 어떤 프로젝트를 수행한 적이 있었다. 나의 힘으로는 도저히 마칠 수 없었기에 한 동료에게 도움을 청했다. 그는 대답했다. "아침에 기도하면서 내가 오늘 누군가를 도와야 한다는 확신과 영감이 들었어. 그게 너였군. 정말 기쁘다." 훗날 알게 된 일이지만, 당시 그 친구 역시 그의 일을 정해진 기간에 마치지 못해 몹시 시간에 쫓기고 있었다고 한다. 그러나 이 요청이 그가 아침에 기도 드린 데 대한 응답이라는 확신이 있었기 때문에 기쁜 마음으로 나를 도와준 것이다. 이 사건을 통해서 나는 평생 잊지 못할 큰 교훈을 얻었고, 지금도 그 교훈을 마음속에 간직하고 있다.

인식

가끔 우리는 한 가지 일에 너무 몰입한 나머지 다른 일들을 까맣게 잊고 방치하는 경우가 많다. 그러나 조금만 신경을 더 쓰면 이런 상황을 충분히 방지할 수 있다. 나는 나이가 들고 좀더 성숙해지면서, 사업과 일로 인해서 만나는 모든 사람들에 대해 "주여, 이들을 만나게 된 것이 하나님의 계획이라면, 이들을 어떻게 대하며 이들을 위해서 무엇을 해야 할지 알려 주소서"라고 기도하게 되었다. 만일 사랑하는 어떤 사람이 믿음에 관한 문제로 혼란과 괴로움에 빠져 있는데, 수천 명 가운데 그를 도와줄 유일한 사람이 여러분이라면 얼마나 기쓰겠는가.

성경을 보면 예수님께서는 많은 병자를 치료하셨다. 그러나 그분이 당시에 존재하는 모든 병자를 다 치료하신 것은 아니다. 마찬가지로 만나는 모든 사람들에게 복음을 전하고, 그들 모두가 그리스도를 영접할 것이라고 기대해서는 안 된다. 우리가 기도할 때 하나님께서는 감당해야 할 책임의 한계를 알려 주실 것이다. 그렇다면 우리가 만나는 사람들 가운데 믿음을 함께 나눌 수 있는 사람은 어떤 이들일까? 다음과 같은 사람들에게 우선적으로 복음을 전할 필요가 있다.

- 여러분이 어떤 믿음을 가지고 있으며, 그 믿음이 여러분에게 어떤 의미가 있는지를 묻는 사람들.
- 종교적인 내용이 담긴 책을 즐겨 읽고 그 책에 대해 자주 이야기하는 사람들.
- 개인적인 문제를 여러분과 의논하기를 원하는 사람들.

만일 여러분이 복음을 전할 수 있는 대상을 바르게 인식했다면, 그들에게 하나님을 소개할 때 하나님은 그들의 마음에도 역사하실 것이다. 그렇다면 여러분은 의외로 복음이 쉽게 받아들여지는 모습을 보며 놀라게 될 것이다.

적용

우리는 일터에서 항상 뭔가에 쫓길 수밖에 없다. 일의 마감 시한, 할당량, 동료나 거래처와의 약속 등은 우리를 초조하게 만든다. 그렇기 때문에 바쁘다는 것은 일터에서 복음을 전하지 않는 데 대한 기막힌 변명거리가 될 수 있다. "나도 정말 하나님의 복음을 누군가에게 전하고 싶습니다. 그러나 거의 점심시간도 없이 일하고, 주말에도 일을 해야 하는 형편이랍니다."

게다가 직장이란 엄밀하게 말해서 소유주가 따로 있다. 우리는 그곳의 주인이 아니다. 그곳에서 마음먹은 대로 행동하고 말할 수 없는 것이다. 그것은 거래처도 마찬가지다. 우리가 거래처를 방문했다면, 그곳에서 우리가 주인인 것처럼 하고 싶은 말을 마음대로 할 수 없는 것이다. 어느 곳에 있든지 우리는 주어진 일을 가장 훌륭하게 처리할 수 있도록 최선을 다해야 한다.

그렇기 때문에 직장에서 복음을 전하기 위해서는 먼저 누구보다 훌륭하게 일을 하며 칭찬받는 사람이 되어야만 한다. 직장에서 가장 훌륭하고 필요한 사람이 되는 것은 하나님께서 우리에게 주신 또 하나의 사명이다.

▲▲▲

확신감 세우기

훌륭한 멘토를 확보하라

멘토란 여러분이 어려울 때 붙들 수 있는 밧줄과도 같다. 내가 크게 의지했던 멘토는 광고회사를 운영하는 척 스나이더(Chuck Snyder)라는 분이다. 나는 그와 믿음의 많은 부분을 나누었고, 나에게 있어서 그는 그리스도인의 이상적인 모델 같은 존재였다. 또 그의 부인은 워싱턴 대학교의 운동 선수들을 대상으로 성경공부를 인도하고 있었다. 그녀에게서도 많은 것을 배울 수 있었다. 그런데 그는 사람을 만날 때 처음부터 종교적으로 접근하지 않았다.

그는 직장 내에서 허셸(Hurschel)이라는 사람과 가깝게 지냈다. 여러 차례 대화를 나누면서 허셸이 유태인일 것이라는 확신을 갖게 되었다. 허셸의 생일 때면 항상 축하 카드를 보냈다. 그리고 하누카(유대교의 성전 헌당 기념일) 때도 축하 카드를 보내 주었으며, 가족들에게도 관심을 보여 주었다. 이런 세심한 배려로 그들은 서로에게 마음을 열게 되었고, 예수에 대해서도 많은 이야기를 나누었다. 지금 허셸이 예수가 구세주라는 사실을 믿고 있는지는 확실치 않지만, 그는 다른 유태인들에 비해서 예수에 대해 상당히 큰 호감을 갖고 있다.

그로부터 상당한 시간이 흘러 허셸은 직장을 옮기게 되었고 척과도 헤어지게 되었지만, 그들은 지금도 때가 되면 카드를 교환하고 있다. 그러던 중 어느 날 척은 허셸로부터 놀라운 내용의 카드를 받게 되었다.

허셸은 그 카드에 이렇게 적어 놓았다. "나는 이제 베들레헴에서 온 유태인 목수가 바로 나를 위해서 죽으셨다는 것을 받아들일 수밖에 없습니다." 그동안 척이 조심스럽지만 끈질기게 예수에 대해서 이야기해 온 것이 결실을 맺는 순간이었다.

핸드볼 선수 생활을 할 때 코치였던 밥 번치(Bob Bunch)는 내게 위치 선정, 슛, 기교 등 핸드볼의 다양한 기술을 가르쳐 주었다. 마찬가지로 다른 사람과 믿음을 나누기 위해서는 필요한 기술을 누군가로부터 배워야 한다. 다른 사람들에게 믿음을 나눠 주고 전도하며 많은 성과를 거둔 사람들의 성공담과 간증을 듣는 것은 그런 면에서 큰 도움이 된다.

여러분과 마찬가지로 직장 생활을 하면서 믿음을 잘 지키며, 일에 신앙을 성공적으로 적용하며 전파하는 사람들을 주변에서 찾아보고 그들의 조언과 인도와 도움을 구하라. 또 목회자나 교회 내에서 특별히 존경하는 분들에게서 좋은 충고를 들을 수 있다.

훈련

상당히 많은 교회들이 성도들에게 전도에 대해 가르치는 강좌나 프로그램을 운영하고 있다. 이런 강좌에 참석한다면 직장 전도에 관한 여러 가지 도움을 얻을 수 있다. 또 목회자에게 부탁하여 이 문제에 관한 좋은 책이나 자료를 얻을 수 있다. 이런 노력을 통해서 언제 어떤 방식으로 전도하는 것이 가장 적절한지 나름대로 방법을 터득할 수 있을 것이다. 그리고 그들에게 전해야 할 '원고'도 얻어 참고할 수 있을 것이다. 또한 이 모임을 통해서 직장 전도에 대한 성공 사례들을 수집해 자신의 현실에 맞게 바꿔 적용해 볼 수도 있을 것이다.

하나님의 말씀인 성경은 직장 전도에 대해서 많은 영감을 줄 뿐 아니라 풍성한 정보를 제공한다. 우리는 성경을 통해서 우리가 전해야 할 하나님의 성품이나 그분의 계획을 구체적으로 알 수 있다. 또한 말씀을 통해서 얻는 영감은 우리에게 용기를 주어 하나님에 대한 지식을 전할 때 느끼는 두려움을 능히 이길 수 있게 한다. 기대감을 가지고 성경을 읽어 보라. 그 말씀을 적용할 수 있는 기회가 분명히 주어진다.

나는 개인적으로 성경을 읽으면서 살아 계신 하나님의 영감을 얻게 되면, 그 영감과 성경에 대한 특별한 통찰을 나눌 기회가 그 주간에 분명히 주어지는 것을 경험했다.

▲▲▲

하나님에 대한 믿음과 경험을 활용하라

오랫동안 신앙 생활을 했으면서도 하나님이 실제로 존재하는지의 여부와 하나님의 능력 같은 기본적인 사항조차 의심을 품고 있는 사람들이 상당히 많다는 사실에 나는 간혹 놀라곤 한다. 많은 그리스도인들이 자신들의 믿음을 다른 사람과 나누길 꺼려하는데, 이들 중 상당수는 그들 스스로 믿음에 확신이 없기 때문이다. 다음의 예를 살펴보며 자신의 믿음은 어떤지 점검해 보라. 아래의 예들은 자신의 믿음 상태를 분석하고 다른 사람들과 나눠야 할 내용이 무엇인지를 알아내는데 큰 도움을 줄 것이다.

• 하나님의 임재하심을 느낀 적이 있다면 적어 보라. 어떤 상황이었으며, 어떤 느낌이었으며, 그분의 임재를 어떻게 느낄 수 있었는지 구체적으로 적어 보라.
• 여러분이 기도한 것에 대해 응답을 받았다고 느꼈거나 주위에서 이루어진 일들이 분명히 하나님께서 하신 일이라는 것을 느낀 적이 있다면 적어 보라. 당시의 상황과 기도 내용, 그리고 받은 응답의 내용을 구체적으로 적어 보라.
• 여러분의 삶 속에 하나님께서 어떻게 역사하시는지 일기 형식으로 빠뜨리지 말고 적어 보라. 기도 내용과 응답과 하나님께서 베

푸신 기적들을 적어 보라.

- 하나님께서 여러분과 어떻게 동행하셨으며 어떤 변화를 일으키셨는지를 구체적인 간증으로 적어 보라. 여러분이 복음을 거부하고 무관심했던 일과 결국 그리스도를 믿기로 작정했던 일, 그리고 그 후의 삶이 어떻게 변했는지를 구체적으로 적어 보라.

특별한 섭리

최근에 우리 동네로 이사 온 톰 글로버(Tom Glover)를 볼 때마다 항상 빚을 진 것 같은 마음이 든다. 그는 예전에는 변호사였고 지금은 판사이다. 공교롭게도 그의 사무실은 내 사무실과 같은 건물에 있었기 때문에 그가 이사 오기 훨씬 전부터 우리는 서로 잘 알고 지내는 사이였다.

그는 나에 대해 관심이 많았다. 내가 하는 일, 나의 가족, 그리고 내가 주말이면 취미로 참여하는 아마추어 스포츠 활동에 이르기까지 많은 관심을 보였다. 그는 사업이나 세상 돌아가는 일들에 대해서 나와 대화를 나누는 걸 즐겼다.

어느 날 그는 나와 현재 중동 정세와 중동의 역사적 배경에 대해서 대화를 나누게 되었다. 그는 십자군 전쟁, 예루살렘의 역사, 선지자들에 이르기까지 중동에 대한 해박한 지식을 가지고 있었다.

그는 얼마 지나지 않아 내가 하나님과 성경의 역사에 대해서 그리 많이 알고 있지는 않다는 사실을 알게 되었다. 어쨌든 우리의 대화는 자연스럽게 계속되었다. 어느 날 밤 우리는 내 차로 함께 퇴근하게 되었고, 그의 집 앞에서 그를 내려주었다. 톰은 차에서 내리면서 이렇게 말했다. "나와 아내는 당신과 당신의 아내를 위해서 늘 기도하고 있습니다." 나는 집에 돌아와서 아내에게 이 사실을 말했다. 아내는 이렇게 대답했다. "우리가 이렇다 할 질병 한 번 앓지 않았는데, 우리를 위해 기도하는 사람이 있었군요." 얼마 지나지 않아 그들은 우리를 자신들이 출석하는 교회로 초청했다.

그로부터 일 년이 지나지 않아 나는 예수 그리스도를 구주로 영접했고, 아내도 한때 믿었다가 잠시 떠나 있었던 그리스도께 다시 한번 헌신하기로 다짐했다. 이제 오랜 세월이 지난 지금 세 아이들과 부모님과 다른 친척들도 믿음을 갖게 되었다. 많은 가족들의 삶이 크게 변한 것은 모두 톰 덕분이었다.

톰이 나를 어떻게 대했는가를 살펴보면, 우리가 어떻게 동료들과 이웃에게 접근해야 할지를 알 수 있다.

- 우선 나와 친구가 되었다.
- 나에게 관심을 보였다.
- 자신의 개인적인 믿음과 세상 돌아가는 일들을 관련지어 말하기 시작했다.
- 결코 나에게 믿음을 강요하지 않았다.
- 나에게 물었다. "좀더 알기를 원합니까?"
- 하나님에 대해서 이야기하기에 앞서 성령께서 인도하는 적절한 시기가 올 때까지 오래 기다렸다.

약간의 주의가 필요하다

직장에서 전도할 때 특히 주의해야 할 사항이 있다. 그것은 직장에서의 대인 관계는 교회나 지역 사회와 달리 상하 관계가 존재한다는 사실이다. 여러분이 부서장이든, 팀장이든, 과장이든, 부사장이든 하급자들에게는 전도가 거부하기 힘든 강요로 받아들여질 수 있다. 요즘은 약자의 권리가 침해되는 데 대해서 매우 민감한 시기여서 여러분의 좋은 의도가 잘못 이해되고, 자칫 잘못하면 불이익을 당할 수 있다.

또한 효과적으로 전도하기 위해서는 평소에 아랫사람들을 매우 공평무사하게 대해야 하며 절대로 불공정하게 대하거나 누군가를 편애해서는 안 된다.

하나님께 지혜를 구하라. 그분은 여러분이 그들을 대할 때마다 말과 행동을 인도하실 것이다.

▲▲▲

필요한 대가를 지불하라

누군가를 전도하기 위해 아무리 사려 깊고 겸손하게 접근한다고 해도, 여러분의 좋은 뜻을 매몰차게 거부하는 사람이 분명히 있기 마련이다.

나는 과거에 어떤 전자회사에서 직원들을 상담해 달라는 제의를 받고 일하면서 베티(Betty)라는 여직원이 다른 회사로 옮기는 것을 도와준 적이 있었다. 베티는 어떤 이유로 그 회사를 휴직한 상태였다. 어느 날 베티는 나와 함께 길을 걸어가면서 자신이 최근에 하나님을 믿게 되었다는 사실과 함께 어떤 사람과의 사이에서 겪고 있는 갈등과 문제를 털어놓았다. 나는 그녀에게 믿음을 설명하면서 성경적인 방법으로 그 사람과의 갈등을 해결해 보라고 충고했다. 그녀는 매우 감사하며 기뻐했고, 인사 담당자에게 내가 자신에게 얼마나 큰 도움을 주었는지 알려 주었다.

그런데 다음날 나는 상급자에게 불려가 매우 큰 꾸지람을 들었다. "우리가 당신을 목사로 고용한 줄 압니까?"

그로 인해 더 이상 그 회사와 일할 수 없게 되었지만, 그때 내가 한 일이 가장 최선이었다고 지금도 생각하고 있다. 왜냐하면 언젠가 하나님 앞에 불려가 무릎을 꿇게 되겠지만, 그 회사의 인사 담당자 앞에서 무릎을 꿇을 일은 없을 것이기 때문이다.

누군가를 하나님의 나라로 인도하는 것보다 더 축복받을 일은 없다. 하나님께 간구하라. 하나님은 믿음의 성장을 위해 도움이 필요한 많은 사람들을 붙여 주실 것이다. 여러분들 가운데 아직까지 하나님의 나라를 마음속에 최우선 순위로 생각하지 않는 사람들이 있다면, 지금부터라도 새로운 마음을 품어 보기 바란다. 하나님의 도움을 구하라. 비록 더딜지라도 앞으로 한걸음 한걸음 내딛기 바란다. 우리 모두는 일터에서 복음을 나누어야 한다. 이제 우리 모두가 발걸음을 내딛을 수 있도록 서로를 격려해야 한다. 누군가에게 믿음을 나눠 주고 그들에게 조언하는 일에 모두가 나서야 한다.

내가 출석하는 교회의 켄 허쳐슨(Ken Hutcherson) 목사는 설교 중에 이런 말을 한 적이 있다. "우리의 노력이 천국을 차고 넘치게 하고, 지옥을 텅 비도록 할 수 있습니다."

 **함께 이야기합시다**

1 여러분은 자신의 믿음을 다른 사람과 나누기에는 용기가 부족하다고 생각하는가?

2 도움이 필요할 때나 누군가의 격려가 필요할 때 여러분은 누구와 이야기하는가?

3 주변에 예수 그리스도를 전하고 싶은 사람이 있는가? 그렇다면 지금 그를 위해 무엇을 해야 한다고 생각하는가?

그리스도인의 색깔을 드러내라

주일 저녁이다. 지금 막 열 가지 갈등에 관한 내용을 모두 마쳤다. 내일은 다시 월요일이다. 별로 장래성 없는 직장으로 다시 돌아가서 여러분을 짜증나게 만드는 동료들과 지긋지긋한 상사들을 다시 만나야 한다. 이제 이 책을 다 읽었으니 지금까지와는 다르게 그들을 대하고 생각하고 행동할 것이다. 내일부터 직장에서 다음의 세 가지 사항을 특별히 주의하라. 그것은 태도, 하나님과의 관계, 행동이다.

▲▲▲

바른 태도를 가져라

다이아몬드는 석탄이 특별한 조건에서 높은 압력을 장구한 세월 동안 견뎌 냄으로써 생겨난다. 많은 영감 있는 설교자들이 노력을 통해서 자신을 크게 변화시킬 수 있다는 사실을 강조하기 위해 이 사실을 비유로 가져왔다. 야고보 사도도 우리의 태도가 갈등을 해소하는 데 중요한 역할을 할 수 있다는 사실을 분명하게 강조하고 있다.

"내 형제들아 너희가 여러 가지 시험을 만나거든 온전히 기쁘게 여기라 이는 너희 믿음의 시련이 인내를 만들어 내는 줄 너희가 앎이라"(약 1:2~3).

수년 전에 나도 그 당시 다니던 직장에 미래가 보이지 않아 고민한 적이 있었다. 고민 끝에 나는 이렇게 고백했다. "오, 하나님! 저에게 시험을 주셔서 감사합니다. 저는 이 시험 가운데서 큰 기쁨을 발견합니다." 그때의 마음이야 어쨌든 하나님께 감사드린 것은 잘한 일이라고 지금도 믿고 있다.

나의 경험으로 미루어 볼 때 자신이 안고 있는 문제가 무엇인지를 정확하게 아는 것도 중요하지만, 이 문제를 풀어 나가기 위해서 가장 중요한 것은 올바른 태도를 갖는 것이다. 여러분은 항상 모든 문제에 대해서 정확한 태도를 취하고 있는가? 이 문제에 대해서는 별로 자신이 없다. 문제를 앞에 두고 스스로를 바라보며 고민할 때와 하나님을 바라볼 때는 큰 차이가 있을 수밖에 없다. 나를 바라볼 때는 궁극적으로 나의 한계를 보며 이전에 실패했던 기억이 되살아나고 의심만이 일게 된다. 그러나 하나님을 바라볼 때 그분의 능력과 사랑과 전지전능하심을 보게 된다.

'인내' 라는 단어는 상당히 오랫동안 편치 않은 환경에 놓이게 될 때 필요한 마음이다. 하찮은 석탄 덩어리가 장구한 세월을 거쳐서 다이아몬드가 되는 것도 결국은 인내의 결과라고 생각한다. 그렇다면 우리는 어떤 태도를 취해야 하는가? 그리고 현재의 태도를 어떻게 바꿔야 하는가?

무엇보다도 중요한 태도는 감사하는 마음이라고 생각한다. 성경은 이렇게 말하고 있다.

"주 안에서 항상 기뻐하라 내가 다시 말하노니 기뻐하라 너희 관용을 모든 사람에게 알게 하라 주께서 가까우시니라 아무 것도 염려하지 말고 오직 모든 일에 기도와 간구로, 너희 구할 것을 감사함으로 하나님께 아뢰라 그리하면 모든 지각에 뛰어난 하나님의 평강이 그리스도 예수 안에서 너희 마음과 생각을 지키시리라"(빌 4:4~7).

이 구절은 정말로 모든 일에 대해 감사하라는 의미는 아닐 것이다. 이것은 참으로 다행스러운 일이다. 예를 들어서 나에게 거친 말투로 상처를 주는 상사를 미워하면서 그를 미워하게 된 것을 감사할 수는 없기 때문이다. 과거에 다른 상사 밑에서 다른 일을 하게 해달라고 기도하면서 내가 하나님께 감사할 수 있었던 것은 하나님께서는 그 어려움을 통해서 가장 좋은 것을 허락하실 것이라는 믿음이 있었기 때문이다. 그분은 도저히 볼 수도 알 수도 없는 계획을 가지고 나를 인도하고 계신다. 그분은 어떤 경우에도 나와 함께 계신다.

나는 쿠키를 굉장히 좋아한다. 이제까지 먹어 본 어느 쿠키도 입맛에 맞지 않는 것은 없었다. 아내는 내 손에 쿠키를 끌어당기는 자석이 붙어 있다고 할 정도다. 그렇기 때문에 아내는 만들어 놓은 쿠키가 금세 동이 나는 것을 막기 위해 집안의 기상천외한 곳에 그것들을 숨기곤 한다. 배가 부르면 아무 음식도 먹고 싶지 않지만 쿠키만은 예외다. 쿠키를 보면 본능적으로 손이 가고 먹게 된다. 이로 인해 갈등을 느껴야 하는가? 감사할 뿐이다.

하나님과의 관계

언젠가 일과 관련해 컴퓨터 기술에 관한 설명을 들으면서 적지 않게 놀란 적이 있다. 그들은 내 앞에서 멀리 떨어진 사람들과 컴퓨터 통신 기술을 이용해 의사를 주고받는 시범을 보여 주었다. 그들은 약 3천2백 킬로미터나 떨어진 곳에 있는 상사와 접속해 그의 지시를 받는 모습을 보여 주었다. "이 컴퓨터는 당신의 충실한 비서가 될 것입니다. 한 번 보실래요?" 자판의 키를 몇 번 누르자, 모니터에 이런 문구가 나타났다. "접속에 성공하셨습니다."

하나님도 우리에게 분명하게 명령하신다. 그분은 아무리 멀리 떨어져 있어도 항상 하나님과 접속하기를 바라신다. 그리고 어떤 상황에서도 그 접속이 단절되지 않기를 바란다.

하나님과 접속하는 가장 좋은 방법은 어떤 내적인 혹은 외적인 문제에 직면할 때마다 그분과 대화를 나누며 의논하는 것이다. 나는 어떤 문제가 있으면, 자동차를 운전하면서 그 문제에 대해 골똘히 생각하고 때로는 하나님과 대화를 나눈다. 그분의 영은 내 안에 내주하신다. 그분은 마음을 편안케 해주는 위로자이며, 문제의 해결 방향을 제시해 주는 상담가이다. 직장으로 출근하거나 퇴근하면서, 복사기에 종이를 넣으면서, 약속 장소에서 사람을 기다리면서, 어떤 시간과 어떤 장소에서도 쉽게 하나님과 접속해 대화를 나눌 수 있다.

하나님과 대화하면 다른 사람들과의 대화에서는 도저히 느낄 수 없는 몇 가지 좋은 점이 있다. 무엇보다 어떤 느낌과 생각이라도 완전히 정직하게 말할 수 있다. 그분은 어떤 말을 들어도 놀라거나 화내지 않으신다. 오히려 이미 알고 계신다. 이렇게 말하기만 하면 된다. "주여, 저는 그 사람과 지금 이렇게 갈등하고 있습니다. 이 갈등을 어떻게 해서든지 풀어 보고 싶습니다. 그러나 저로서는 도저히 방법을 모르겠습니다. 마치 막다른 골목에 몰린 느낌입니다."

▲▲▲

행동으로 옮겨라

어느 시점에 이르러 상황을 더 이상 인내하기 힘들거나 무한정 용납하는 것만이 정의가 아니라고 판단되면, 결단하고 행동에 옮겨야 한다.

나는 개인적으로 요한복음 11장에서 죽었던 나사로가 다시 살아나는 이야기를 좋아한다. 그때는 이미 죽은 지 나흘이 지난 뒤였다. 누이들은 예수님이 너무 늦게 도착하셨기 때문에 치료할 수 있는 시간을 놓쳤다며 안타까워했다. 이때 예수님은 그들에게 행동할 것을 명했다. 무덤 입구의 돌을 치우라고 명하신 것이다. 마리아와 마르다는 매우 합리적인 생각을 했기 때문에 이 행동이 아주 의미 없는 일이라고 생각하며, 돌을 치워 봐야 시체 썩는 역겨운 냄새만 맡게 될 것이라고 생각했다. 그래서 그들이 주저하자 예수님은 이렇게 꾸짖으신다. "내 말이 네가 믿으면 하나님의 영광을 보리라 하지 아니하였느냐." 그들은 마음속에 도전과 회의를 품었지만, 복종하여 돌을 굴려서 치웠다. 그들의 복종을 보신 뒤에야 예수님은 나사로를 불렀고, 그는 무덤에서 걸어 나왔다.

이 이야기를 읽을 때마다 행동하지 않는 것은 믿음이 아니라는 생각을 하곤 한다. 예수님은 마리아와 마르다에게 자신이 누구이며 얼마나 능력이 있는지를 구구하게 설명하지 않으셨다. 그렇기 때문에 그들은 명령에 복종하면서도 반신반의했다. 여기서 분명히 주목해야 할 것은 그들이 행동했기 때문에 나사로가 살아난 것은 아니라는 사실이다. 그들이 돌문을 치웠을 때도 나사로는 여전히 죽어 있었다. 그러나 그들의 복종을 보고 예수님이 말씀하시고 행동하실 때 기적이 일어났고 문제가 풀렸다.

갈등을 앞에 두고 결단하고 행동할 때마다 이 이야기를 기억하기 바란다. 앞에서 다양한 문제에 대해서 나름대로 해결 방안을 제시했지만, 그 해결책들 가운데 어느 것도 100퍼센트 성공을 보장하지는 않는다. 여러분의 아내나 기도의 동역자들이 충고하는 말들 가운데는 죽은 자가 있는 무덤의 입구를 치우면 죽은 자가 살아나리라는 것 이상의 황당한 말들도 있을 것이다. 여러분에게도 마리아와 마르다처럼 그 충고에 순종하고 싶지 않은, 경험에 바탕을 둔 아주 합리적인 이유와 논리가 있을 것이다. 그렇다면 요한복음 11장 40절을 다시 한번 묵상하라. 혹시 여러분은 하나님께서 기적을 베풀 수 있는 기회를 거부하고 있는 것은 아닌가?

▲▲▲

갈등의 유익함

과거 내가 직장에서 막다른 지경에 몰리고 심한 무기력감을 느꼈을 때, 그 상황 속에 하나님의 어떤 계획이 있을지라도 막상 당하는 입장에서는 무척 힘들었다. 이제 20년이 흐른 지금 당시의 나와 비슷한 문제를 안고 있는 사람들을 수없이 만나고 있다. 그렇기 때문에 그들의 심정과 처지, 느낌과 희망 사항을 누구보다 잘 이해할 수 있다. 여러분이 일로 인해 생기는 내적, 외적 갈등으로 좌절하고 있을 때 하나님께서 여러분에게 큰 목적을 가지고 있음에 감사하라. 갈등 속에 숨겨진 하나님의 목적은 대체로 다음과 같은 것이다.

- 이 갈등을 기회로 여러분이 하나님께 더 가까이 다가오기를 바라신다.
- 하나님의 큰 능력을 보여 주고자 하신다. 그로 인해 하나님에 대한 여러분의 신뢰는 더욱 커질 것이다.
- 직업적인 면뿐 아니라 영적인 면에서 여러분을 더욱 성숙하게 하기 위함이다.
- 내가 그랬던 것처럼 먼 훗날 비슷한 문제로 고민하는 다른 사람들을 돕게 하기 위함이다.

갈등을 통해서 하나님으로부터 다음과 같은 분명한 교훈을 얻을 수 있다. 하나님은 우리가 만나는 모든 갈등에 대해 분명한 해법을 가지고 계신다. 그렇기 때문에 하나님의 인도를 구하고 복종하려는 마음만 가진다면, 그 문제들을 쉽게 해결할 수 있다. 우리가 바른 태도를 가지고 하나님과 교통하며 그분의 뜻에 따라 행동한다면, 그분은 우리 앞에 놓인 모든 장애물들을 치워 주실 것이다. 상황이 너무 힘들어 주저앉고 싶을 때마다 바울의 말을 기억하라. "우리가 알거니와 하나님을 사랑하는 자 곧 그 뜻대로 부르심을 입은 자들에게는 모든 것이 합력하여 선을 이루느니라"(롬 8:28).

피트론의 기적

1972년 피트론 철강회사(Pittron Steel Company)와 미국철강노조(United Steel Workers Union)가 극한 대립을 한 적이 있었다. 이때 웨인 앤더슨(Wayne Anderson)이라는 사람이 이 문제를 해결하겠다고 담대하게 나섰다. 당시 노조는 경영진에 맞서 파업을 강행하여 무려 84일 간이나 계속하고 있었고 이 회사는 3년 간 연평균 6백만 달러라는 엄청난 적자를 기록하고 있었다.

경영난을 타개하기 위해 경영진을 개편하면서 웨인은 운영 담당 부사장이 되었다. 그는 부사장에 취임하면서 경영진과 노조 간부들 그리고 노동자들 사이에 흐르고 있는 극단적인 불신을 어떻게든지 해소해야겠다고 마음먹었다.

신실한 신앙인인 웨인은 신뢰할 만한 노동 문제 전문가를 만나 조언을 구하고 기도하면서 나름대로 경영 쇄신책을 준비했다. 그는 기독교 세계관에 입각해서 모든 사람을 사랑과 존경으로 대하며 존중해 주었다. 그는 생각했다. "변화를 위해서는 내가 먼저 첫발을 내딛어야 한다. 변화가 일어날 때까지 필요하면 두 걸음, 세 걸음도 디뎌야 한다. 그리고 다른 사람이 무엇을 어떻게 하든지 한 일에 대해서는 우리가 책임지겠다는 자세가 필요하다." 그의 좌우명은 "주라, 그리고 대가를 기대하지 말라"였다.

웨인은 생산 노동자들과 대화를 나누기 시작했다. 그들의 생각을 주의 깊게 들어주었고, 그들이 야근하는 날이면 먼저 퇴근하지 않고 끝까지 남아 있다가 퇴근하는 이들에게 감사의 말을 전했다. 또한 허름한 창고를 열어서 성경공부 모임을 이끌었다. 석유 파동으로 석유

값이 천정부지로 오를 때는 회사의 기름 탱크에 석유를 가득 채우고 직원들이 자기 차에 무상으로 주유할 수 있도록 배려하였다. 웨인은 노동자들의 마음을 세심하게 만져 주는 사람이었다. 경영진들이 사내에서 쓰는 모자의 색깔을 흰색에서 노동자들과 같은 검정색으로 바꾸었다.

그러나 이런 노력에도 불구하고 그는 노사 양측으로부터 맹렬한 비난에 직면했다. 그들은 웨인에게 노골적인 적대감을 표시하며 비웃었다. 이런 힘든 상황 속에서도 그는 기도를 통해서 얻은 확신에 따라 자신의 생각을 밀고 나갔다. 그런데 예기치 않은 곳에서부터 변화가 나타나기 시작했다. 지역 신문의 기자 한 사람이 그의 노력에 주목하기 시작했고, 지칠 줄 모르는 그의 노력과 쏟아지는 비난과 조소에 대해서 1면 머리 기사로 다루었다. 그 기자는 기사를 이렇게 썼다. "회사의 기름 탱크를 개방해 직원들의 차에 무상으로 주유하도록 한 그에게 '그렇게 하는 이유가 뭐냐?'고 묻자, 그는 '왜 그래서는 안 되느냐?'고 대답했다."

그 결과 21개월 만에 회사의 매출은 400퍼센트, 이익은 30퍼센트, 종업원 수는 300퍼센트, 생산성은 64퍼센트가 올라갔다. 노동자들의 불만은 1/12로 줄어들었다. 결국 이 회사는 연간 6백만 달러의 적자에서 연간 6백만 달러의 흑자로 경영 상태가 대폭 호전되었다. 그것은 금전적인 이익만을 계산한 것이고 노사간의 극한 대립이 화합으로 바뀜으로 인해 생겨나는 보이지 않는 이익은 돈으로 환산할 수 없을 만큼 귀한 것이었다. 분노와 좌절감을 씹고 있는 사람들로 우글거리던 작업장은 근로자들의 높은 수준의 팀워크로 활기차게 돌아가게 되었다.

다시 한번 강조하지만, 문제와 갈등을 해결하기 위해서는 바른 태도, 하나님과의 교통, 행동이 필요하다. 현재 웨인은 노사 문제 상담가로 활동하고 있다. 웨인이 피트론 철강회사의 노사 대립을 해결한 이야기는 스프로울(R. C. Sproul)의 『강철보다 강한 사나이』(*Stronger than Steel*)라는 책에 자세히 소개되어 있다. 여러분에게 이 책을 꼭 읽어 보라고 강력하게 추천하는 바이다.

웨인 앤더슨이 기도하면서 이룩한 피트론의 기적은 우리에게 커다란 희망과 격려를 준다. 올바른 태도, 하나님과의 교통, 행동을 반드시 마음속에 명심하라.

이제 여러분은 직장에서 겪는 갈등을 눈앞에 두고 지금까지와는 전혀 다르게 하나님의 영광을 볼 수 있게 될 것이다. 아무쪼록 이 책을 읽은 그리고 읽을 모든 직장의 그리스도인들에게 하나님의 동행하심과 축복이 있기를 기도한다.

 **함께 이야기합시다**

1 여러분은 직장에서 해결되지 않는 복잡한 갈등으로 고민하고 있는가?

2 그렇다면 믿음 안에서 지금 당장 어떤 일을 해야 하는가?

3 구체적으로 어떤 행동을 해야 하는가?

참고문헌

서론   **일은 하나님의 선물이다**

Swindoll, Charles R. *Hand Me Another Brick*, pp. 85-87. Thomas
Nelson Publishers, 1978.

갈등1   **직장이 싫어질 때**

Colson, Chuck, and Jack Eckerd. *Why America Doesn't Work*,
pp. xi-xii. Word Publishing, 1991.
Tozer, A. W. *The Pursuit of God*, p. 14. Christian Publications,
Inc., 1982.

갈등2   **도무지 미래가 보이지 않는다면**

Crabb, Larry. *The Marriage Builder*, pp. 70-75. Zondervan
Publishing, A Division of HarperCollins, 1992.

갈등5   **짜증나게 하는 상사들**

MacAdam, Millard. "A Team Approach to Corporate Mentoring,"
Vol. 54, No. 1, pp. 9-11. *Contact Quarterly*. The Magazine for
Business by the Christian Businessman's Committee.

갈등10   **무늬만 그리스도인이라면….**

Wagner, C. Peter. *Your Spiritual Gifts Can Help Your Church
Grow*, p. 42. Regal Books, 1979.

요약   **그리스도인의 색깔을 드러내라**

Sproul, R. C. *Stronger Than Steel*. Harper & Row Publishers, 1980.